當課文遇上策略達人

策略達人

13個推動閱讀的感動實例

柯華葳◎總策劃　　林玫伶◎整編

課文本位學策略
大學小學手牽手

全臺**120**所小學
加入閱讀策略的推動行列

20,000名教師
完成閱讀策略的教學培訓

我們是這樣一起走過來的

　　閱讀在學校學習的重要性無庸置疑，閱讀對於現代公民有效參與社會活動已是必備的能力，對於個人視野的開展與生命內涵的充實，更有無限的可能性。如果說閱讀是現代人的基本人權，其實一點也不為過。

看到現場的需求

　　那麼閱讀能力應該如何培養呢？我們的學生會閱讀嗎？他們的閱讀能力需要被教嗎？老師又怎麼教呢？老師的教法合理嗎？老師有被教導如何教閱讀嗎？如何教閱讀才有效呢？好的閱讀教學的判準又應該如何決定呢？

　　進行閱讀研究的大學老師們並不一定都有興趣投入閱讀師資培育，但是在上述一系列問題的答案待解，加上有領頭羊的號召，於是我們走進了教育現場，一待超過八年！

從磨合到雙向對話

　　教授們習慣的學術研究文獻與資料相當理性甚至冰冷，課室現場卻是活生生的孩子與充滿熱情的教師（當然也有旁觀者），

兩端反差很大，對不上焦。教師端常常看不出教授說的內容對他們的教學有什麼用處，而教授們又往往看不出老師要把學生帶往哪裡，以及一個教學絕技換到另一個絕技的道理何在？

解決的第一步就是先開發出一套有學理依據的教材，辦理教師研習，邀請老師們轉化為教學計畫，並且在課室試教。教材的出發點是有效閱讀教學的文獻，教學設計的參照點是教學流程能否在課室內合理的走完。這段期間雙方一直互相回饋與對話，教材與教學都會經過多次來來回回的調整，是一個長期有系統性的磨合和互相學習過程。

🌱 有效閱讀教學的不變與百變

影響教學效果的因素不勝枚舉，教學歷程的更迭更是瞬息萬變，不禁會令人質疑：有辦法將一套閱讀教學策略適用於所有班級、所有學校嗎？另外，不少教師在仿製他人示範教學時，容易在自己的班級出現水土不服的現象，或者原本已經相當成功的教學流程，在遇到新情境時竟然也會失敗。

其實研習的教材只是背後學理具體操作的實例之一，需要不同程度個別化的調整與轉化才能有想要的通用功能，這中間有其變與不變。有效的閱讀教學，其不變的道理就是教師要起而行試作，以累積經驗甚至熟練到成為直覺；另外，開發教材與調整教學的過程需要參照學理。用心而且有經驗的教師的直覺其實有很

多好智慧，但是沒有學理洗禮的經驗與直覺容易有系統性不足的問題，也可能知其然但是不知其所以然。面對教學的困境最能說服他人的，幾乎都是可以將學理有效轉化與連結實務的成員，適度的學理素養是必須的，有好的學理素養才能解釋為什麼一個教學步驟要怎樣操作，甚至最後成敗的原因。

學理像是地圖，兩者都不是實景實物，而只是現實的抽象化架構，但是卻提供系統性的相對參照。因此，碰到不熟悉的情境時就不會無所適從，參照學理猶如查地圖，可以看出方向感與相對位置，呈現出閱讀教學的變與不變。例如抓住了「為何」與「如何」要教摘要的原理之後，老師們可以針對不同年齡層、不同班級的學生、使用不同教材，都可以教出學生找出重點與濃縮訊息的能力，而且不一定每個人每一次都按照一模一樣的步驟操練。學理不會沒有用，只在於有沒有弄懂與合理的詮釋。

🌱 閱讀教學的改變往往超越閱讀教學

成功有很多的樣態與組合因素，很少單一因素就足夠，不過倒是可以由單一因素的堅持帶起其他的連動效果；失敗也往往來自多種原因，有時也可能是單一困境沒有突破，或者只是個人人際挫折沒能轉念成功就前功盡棄。我們輔導成功的學校幾乎都有感人的專業堅持；閱讀教學社群的形成與運作，也可能帶出學校文化的改變，甚至擴及社區，也是另一個成功要素；閱讀教學的

焦點由背誦調整為理解也會帶出評量內涵的連動；語文閱讀教學的精進也可能帶出各科教學並進，進而形塑出跨領域的互動與結合，甚至最終影響學校整體課程的規劃。

　　有幸能夠參與見證學術的研究能落實於教育現場，實在是極大的欣慰，雖然學術與教育現場調和的過程不會一帆風順，需要克服的不只是永遠不夠用的教學時間，老師們要能理解這些教材編寫背後的認知與教學原理，學者們需要去熟習教材與場域，並經過好幾個週期的調整。這是需要有開放的心胸與願意面對改變的勇氣，也要有精益求精的態度和熱情，最好有同伴才不孤單，當然行政主管的支持更是甘泉！閱讀基地與亮點學校的很多老師現在不僅可以大方的公開觀課，甚至可以在議課時侃侃而談背後的原理；而他們的很多的觀察與詰問，也成了教授們學術探討的養分。

　　一路走來，我看到老師與學生的無窮的可能性，只要找到點燃熱情的方式與持續的專業支持！

曾玉村

（閱讀師培計畫中區主持人）

回首來時路，播撒閱讀種子

🌱 一個人走得快，一群人走得遠

「一個人可以走得很快，一群人可以走得夠遠」，閱讀亮點學校及閱讀基地學校在教育部國民及學前教育署的支持下，與全國各地區大學教授攜手共同往前邁進。在這段歲月裡，學校教師因認同而加入、因理解而精進、因陪伴而茁壯。閱讀亮點學校與閱讀基地學校的成立，是希冀校內成立教師閱讀社群，透過社群的能量，讓閱讀理解策略教學於校內課程上實際運用與操作，讓學生掌握方法，成為「閱讀有方者」！

🌱 策略的分享，成為攜手前進的動力

南區中心自 102 年起負責輔導臺南市、高雄市、屏東縣、臺東縣及澎湖縣 5 縣市的閱讀亮點學校與閱讀基地學校，歷年來共有 27 所國中小參與投入亮點學校及基地學校計畫。在南區所負責的縣市，每個縣市各有 1 至 2 位的輔導教授，於每學期定期至當地的閱讀亮點學校與基地學校訪視，有時是擔任講師為閱讀社群教師增能，有時是參與社群聚會給予教師教學上難點的解決處方，亦會是參與觀課或者是參與學校閱讀成果發表會活動，給予

學校經營發展閱讀策略教學上的鼓勵、難點的提醒，以及未來可發展方向的提點。每一位專業輔導教授的實際陪伴，給予學校的不是空泛的執行目標，而是具體且真實的面對面溝通與回饋。

除了輔導教授的到校訪視，於學期間的每一個月，南區 5 縣市各所基地學校、亮點學校、種子教師以及輔導教授，都會擇一個週五的下午訂為團隊的「閱讀日」。在那一天，相聚於臺南大學共同交流與成長。會議的主軸可能是輔導教授為團隊帶來的增能講座，亦或者是種子教師的教學分享與演示，也可能是各閱讀亮點學校與基地學校的經營成果分享。透過每個月一次的頻繁互動與交流，企圖減少資訊不對等的狀況至最低，讓各校參與計畫的過程中進行著滾動式的修正與進步，團隊內的各校不是單兵作戰，而是同心協力的彼此學習與精進，也因為這樣我們才能走得夠遠、夠久。

🌱 閱讀種子的播撒，讓知識的園地百花齊放

閱讀教育百花齊放，同一種教學方法在不同的學校有著不同的推動過程與推展的經驗，有的以閱讀理解策略教學作為基礎，發展出全校性「幸福共好的閱讀課」；有的找出教師研習的最大公約數，於週三下午時段辦理公開觀議課，藉此讓老師觀而行、起而行；有的翻轉「閱讀理解策略成分與年級對照表」，逐步建構精緻化社群共備；亦有偏鄉小校帶領著家長一起來認識閱讀理

解策略，推動閱讀教育。

　　不同的推動歷程，都是學校遇山開路、遇水搭橋的寶貴經驗。甲校的方法未必能複製到乙校，但憑藉教學現場老師們的智慧，必能從中汲取養分，運用到自己服務的場域。期待透過本書各校的分享，讓更多有興趣的學校或教師一同投入。

黃秀霜、陳海泓、詹士宜、陸怡琮

（閱讀師培計畫南區指導教授群）

一點一點亮起來
閱讀理解策略教學十年有成

柯華葳

🌱 緣起

2006 年臺灣首次參加促進國際閱讀素養研究 (PIRLS)，學生成績在參與各國屬中等。PIRLS 除提供學生閱讀成績外，還有許多閱讀環境問卷，以瞭解包括父母、教師、學校和國家閱讀教育政策為學生所安排的閱讀課程與環境。

其中有幾個與學校教學有關的重要訊息：

1. 課本是課堂主要的閱讀材料。

2. 國語文教學較偏重字詞教學，生字詞教學時間為理解教學的兩倍。

3. 小學教師對於「閱讀理解策略」和閱讀理解中較高階的「詮釋理解歷程」較不熟悉。

4. 百分之四十左右教師未接受過閱讀教學相關的專業培訓。

此後教育部推出「悅讀 101──國民中小學提升閱讀計畫」，為期十年 (民國 97 年至 106 年，簡稱悅讀 101)。這個計畫包括增加學校圖書、設置圖書教師以及推動閱讀策略教學等，其中特別提出「進行各項閱讀基礎研究及行動研究」。在此計畫下，透

過大學和中小學合作，展開閱讀理解教學實驗。而後，挑出有成效的成果，出版《閱讀理解策略教學手冊》，此手冊成為之後推展閱讀理解教學的重要根據。

自 101 年 6 月 30 日起，為協助全國小學在職老師閱讀教學相關專業成長，教育部委託國立臺灣師範大學、臺北市立大學、國立中正大學及國立臺南大學在全國設立四區閱讀教學研發中心，負責各區教師培訓，提供地區教師諮詢及輔導，確保教師在閱讀教學時遇到困難可以得到支援。

🌱 五大理念

當時團隊為自己的工作寫下了五大基本理念：

閱讀能力的培養就是在培養思考能力

閱讀能力絕對不只是語文科教師的責任。閱讀能力的培養，必須是跨學科的，學生需要有系統的被導引閱讀不同種類和不同內容的作品。除了包括文學作品外，也應包括科學性，以及一般說明性的文章。

閱讀教學以讓學生對於閱讀產生正向經驗為首要原則

任何的閱讀推廣措施，不可以犧牲學生對於閱讀的樂趣。老師需要瞭解閱讀評量的要點在於閱讀能力的評量，而非對於文本的熟悉或背誦。

教師需要閱讀的基礎知能，以能力為培訓主旨

　　瞭解閱讀的歷程以及閱讀的教學，並根據每一位學生的特性，更積極地導引學生建立閱讀的基本能力、為學生布置閱讀環境，培養學生對於閱讀的正向態度。中央以及地方各科的輔導團，應該有系統性地學習以能力為主的閱讀教學教材、教法與研究，然後加以推廣。

培訓內容需與教學現場結合

　　教師教導教師是最有效的在職師培方式，而培訓課程與現有課本以及課程結合，且經過實作操練，會是最有效率的方式。

教師需要持續的進修與調整教學方式

　　教學相長，教學是一連續的學習歷程。教師必須透過持續性的進修，方能掌握閱讀教學，而教師本身必須有閱讀習慣，才有閱讀教學動力。

　　基於上述理念，團隊參考《閱讀理解策略教學手冊》和國內外閱讀文獻，開發「閱讀理解策略成分與年級對照表」(俗稱點點表，請參閱附錄 1)，表中包括識字、詞彙和理解需使用的策略，依照年級各有其不同的學習重點。

🌱 教學資源研發與師資培訓

有了點點表，四區學者與教師集中開發閱讀師培課程，課程稱「課文本位的閱讀理解教學」。所謂「以課文為本位」則是指不捨近求遠地另外設計補充教材，也不需花費額外的時間教學，而是以現行的各版本教科書為文本，融入各年級相應閱讀策略的教學主張。因此團隊設計出因應各出版社國語科版本的教案，供教師參考。

教案設計掌握七個原則，包括：

1. 以增進學生的閱讀素養或問題解決能力為教學標的。

2. 學習者為中心：學生的學習反應導引教學。

3. 教學目標決定教學活動。

4. 不同年級的教學重點不同，分配的教學及活動時間應不同。

5. 教案應該明示的教導策略，且應該透過說明、示範、師生互動完成、學生獨立作業等程序，達成教學目標。

6. 閱讀教學應該是有系統且持續一段時間。

7. 強調達成自學的基礎能力。

所有教案皆置於「課文本位閱讀理解教學 · 教學策略資料庫」，提供教師下載使用。網址為：http://tbb.nknu.edu.tw 為了使更多教師認識課文本位閱讀理解教學，團隊設計、攝製了 13 支短片 (請參閱附錄 2)，供教師自學。

團隊亦搭配上述影片出版本書，幫助教師可以更認識每一個閱讀策略的原理原則。

🌱 亮點學校遍布各地

本書特邀近年執行「課文本位閱讀理解教學策略」有成效的學校，稱為「亮點學校」，分享他們在執行教學上所遭遇的困難、如何解決困難，以及所看到的成果。例如，學校教師不認識這些策略，因擔心而抗拒；或是以為閱讀策略只能對資優生實施；甚或認為策略太死板，顧不到文字的優美等。當然，最常遭遇的問題是，怎麼開始？似乎很費時，怎麼辦？

在這 13 篇文章中，教師會選擇採用閱讀理解策略有一脈絡可見，就是由一群教師開始。他們或是一人、或是兩人，參加了閱讀理解教學初階、進階研習，回學校後分享，找到理念相同的教師一起討論與共備，某一課可以搭配什麼策略？為什麼是這個策略？如何讓學生學到這策略？而後各自回教室實施，再檢討，再教學。若在學校形單影孤，跨校成立共同備課社群也撐住了教師在教室裡的教學。明顯的，社群在新引進的教學概念、方法上發揮了功能。當然，行政支援不可少，這在 13 篇文章都可以讀到，特別是校長身先士卒公開授課。

以下摘錄這 13 校的推動特色：

篇名	學校	規模 / 性質	推動特色
1.百班大校向前行	新北市後埔國小	大型學校	1. 雙種子教師帶領 2. 行政教學雙向合作
2.週三下午的公開課	國立屏東大學附小	大學附小	1. 以公開課作為增能研習 2. 閱讀策略教學步驟精緻化
3.噹噹噹，校長上課囉	彰化縣仁豐國小	小型學校	1. 校長上課老師學 2. 老師學而後用
4.傳・承	國立嘉義大學附小	大學附小	1. 教師社群經營共同備課 2. 資深教師傳承教學經驗
5.幸福共好的閱讀課	國立臺南大學附小	大學附小	1. 建立閱讀策略教學階序 2. 納入新課綱校訂課程
6.閱讀策略不是只給資優生	嘉義市興安國小	不山不市	1. 規劃各年級實施策略 2. 教學增加操作性
7.翻轉「點點表」	臺南市文化國小	大型學校	1. 全校共作一個策略 2. 觀議課促使策略縱向銜接
8.四肢強健，更要頭腦不簡單	雲林縣鎮南國小	體育重點	1. 學校課程與評量轉型 2. 開放家長觀課
9.兩好三壞，閱讀揮棒！	嘉義市垂楊國小	體育重點	1. 棒球名校加入閱讀元素 2. 改變評量爭取認同
10.如果家長也懂閱讀策略	臺南市松林國小	偏鄉小校	1. 家長共學閱讀策略 2. 學生數因而上升
11.高粱田裡的風	金門縣何浦國小	離島學校	1. 教師備課經營 2. 推動公開授課
12.山與海均無法阻隔	宜蘭縣閱讀策略社群	跨校	1. 跨校社群運作 2. 學生改變實例
13.縱谷閱讀老鼠會	花蓮縣閱讀策略社群	跨校	1. 跨校社群運作 2. 教師改變實例

　　十二年國教重視素養教學，期待培養學生帶得走的解題能力與自學能力。閱讀，就是自學力。「課文本位閱讀理解教學計畫」透過大學與小學合作，建立了實施閱讀素養教學與培養的模式。本書介紹大中小城市、偏鄉學校和教師逐步帶領學生透過閱讀成為自主學習者的做法，每一篇後面的「教學看門道」是賴明欣老師觀課後的重點記錄，也是對各校閱讀理解策略教學的回應，提供讀者參考，更多訊息可連結 FB 粉絲團「閱讀策略師資培育──區育人才培育中心」。

　　本書的出版，要感謝教育部對閱讀理解教學大力的支持與輔導，感謝四區的主持人：洪儷瑜教授、幸曼玲教授、蘇宜芬教授、陳明蕾教授、辜玉旻教授、游婷雅教授、曾玉村教授、連啟順教授、黃秀霜教授、陳海泓教授、陸怡琮教授、方金雅教授、詹士宜教授以及各區的輔導老師。還有，一定要謝謝國語實小的林玫伶校長，校長一直在我們前方，在我們旁邊做很多人看不到的教學實驗、教師培訓以及本書的編輯。

目錄

【推薦序】 **我們是這樣一起走過來的** 曾玉村 02

【推薦序】 **回首來時路,播撒閱讀種子** 06
黃秀霜、陳海泓、詹士宜、 陸怡琮

【序】 **一點一點亮起來** 柯華葳 09

一 教學行政，合作支援

1. 百班大校向前行／新北市後埔國小　　　　　　　22

2. 週三下午的公開課／國立屏東大學附小　　　　　32

3. 噹噹噹，校長上課囉／彰化縣仁豐國小　　　　　42

4. 傳・承／國立嘉義大學附小　　　　　　　　　　54

二 循序漸進，建構課程

1. 幸福共好的閱讀課／國立臺南大學附小　　　　　68

2. 閱讀策略不是只給資優生／嘉義市興安國小　　　84

3. 翻轉「點點表」／臺南市文化國小　　　　　　　98

三 跨域經營，突破困境

1. 四肢強健，更要頭腦不簡單／雲林縣鎮南國小　110

2. 兩好三壞，閱讀揮棒！／嘉義市垂楊國小　122

3. 如果家長也懂閱讀策略／臺南市松林國小　130

四 偏鄉小校，翻轉人生

1. 高粱田裡的風／金門縣何浦國小　144

2. 山與海均無法阻隔／宜蘭縣閱讀策略社群　160

3. 縱谷閱讀老鼠會／花蓮縣閱讀策略社群　168

附錄

附錄 1　**閱讀理解策略成分與年級對照表**　　　　179

附錄 2　**課文本位閱讀理解策略教學　初階課程影片**　　　　181

附錄 3　**閱讀師培計畫出版書籍一覽表**　　　　182

一、教學行政，合作支援

1 百班大校向前行
雙人雙向模式推動學校巨輪

2 週三下午的公開課
千言萬語不如教一節課

3 噹噹噹，校長上課囉
校長教，老師學

4 傳・承
在每個有需要的孩子課堂上點燈

新北市
後埔國小

百班大校向前行

雙人雙向模式推動學校巨輪

撰文 / 周于懷、黃冠達、蘇琬喻

推動閱讀有事做 ⋯⋯⋯⋯⋯⋯⋯⋯⋯⋯⋯⋯⋯⋯⋯

学校實況　學校規模大，教師社群多，教師各有一把刷子。

做法

教師社群：雙種子帶領

⬇

行政教學：雙向合作

⬆

教學支持：種子教師教導與分享

推動改變，從來就不是一件容易的事。尤其是要在一所全台第七大的小學，告訴一群已經很優秀的老師：「教這個更重要，這樣教更好。」後埔國小該怎麼做呢？

🌸 全台第七大的百班小學，2,600 多個閱讀理解需求

依據教育部 107 學年度國小基本資料統計，全台百班以上的小學僅有 9 校。後埔目前有 104 班，2,658 位學生，國小班級數全台第 7 名，學生數第 11 名。

後埔自 101 年即參與推動「閱讀師資培育——區域人才培育中心計畫」，當時剛到任後埔的蕭美智校長，對於在如此大型的學校推動閱讀理解策略的教學，表現高度的認同和意願。她明瞭閱讀理解對孩子的重要性，也認為後埔有 2,600 多個學生，代表著 2,600 多個閱讀理解策略的學習需求，能幫助這麼多孩子讀懂讀好，當然要支持。

然而，在大型學校推動教學改變，從來不是一件容易的事。人多、資源多，卻也代表想法多、意見多；尤其後埔的教師素質高，學校績效良好，許多老師對於教學已有自己的一套方法，要想在將近兩百位教師的團隊中，為閱讀理解策略教學掙得一席之地，需要審慎的規劃與穩進的推動。

今日的後埔，多數教師都參與過閱讀理解策略教學的成長課程，並在課堂中落實推動，成為閱讀的基地學校。究其成功因素，可用八個字形容：推動有方、感動支持。

🌸 推動有方：雙人雙向的推動模式

101 年推動之初，考量在大型學校以「全校研習」的方式推

廣效果必定不彰，在幸曼玲教授和黃冠達主任的輔導下，決定以「教師社群」的方式來逐步推進。很幸運的，後埔一開始就有陳玟穎、陳燕蓉兩位教師參加培訓成為區域種子教師，當時教師社群的概念和運作經驗尚在起步，考量「雙人合作」的方式，不論在專業、人際和情感上都能相互支持，可以走得比較久，於是決定由這兩位教師一起帶領社群。從此，後埔閱讀推動的每個階段都有兩位種子教師合作，「雙種子」的社群帶領方式成為後埔的傳統和特色之一。

另一個特色，則是種子教師分別從行政和教學兩端雙向推動。

在歷經數年推動之後，各種教師社群亦開始蓬勃發展，激增的社群種類稀釋了參與人數，連帶影響參與閱讀理解策略教學社群的教師數。於是從 105 學年度開始，學校邀請區域種子教師擔任教務處的組長，扮演「行政推動者」的角色，由上而下規劃各學年教學研究會的時間；而留在學年的區域種子教師，則扮演「教學支持者」的角色，到各年級教學研究會中分享，由下而上支持一線教師的教學。「雙向合作、外送到府」的作法，將閱讀理解策略的教學方法，遞送到每位老師手中。

感動支持：來自年輕夥伴的感動

古云：「同聲相應，同氣相求。」後埔閱讀教學推動的過程

中，著實印證了這句話。許多資深教師踴躍參與令人感佩，而多位新生代的加入，則讓人深深感受到閱讀種子延續的希望。

年輕的周于懷老師，就讀大學時曾受惠於張純教授為師資生辦理的閱讀理解策略教學營隊，畢業時選擇到重視閱讀理解教學的後埔代課，經過兩年的專業薰陶通過教甄，選擇分發到後埔服務，繼續參與社群。

現在的她，在同樣年輕的蘇琬喻老師帶領下，迅速茁壯。她說：

「我在後埔國小一路走來，雖然時間並不長，走的路並不遠，但是在這裡，有豐厚的資源供給我專業的知識，有熱情的氛圍促使我向前邁進……，吸收前輩傳承下來的種苗，如今，我也將承載著這樣的教學種子，持續探索與深耕，耐心的陪伴，等待它再次發芽的那一天。」

周于懷老師在課堂上引導提問，學生們踴躍提出不同想法。

蘇琬喻老師將策略明示在黑板上，讓學生帶著歷程遷移到下一課的學習。

🌼 來自弱勢孩子的感動

另一個支持種子教師們推動不輟的，是來自學生身上的正面回饋。

小珍（化名）是越南籍的新住民子女，和母親相依為命。母親不識中文，學校發的資料通常都要小珍唸給她聽，對她的家庭來說，孩子的語文程度和閱讀理解能力，顯得格外重要。升上國中後，面對更困難的課業，小珍在小學階段打下的基礎，大大幫助她能使用策略理解文章。

她告訴種子教師：

「國中課文有很多文言文，比國小難很多，要理解的東西更多了，……每當遇到不懂的詞彙時，我大多會從上下文推斷出意思。目前七年級的文言文翻譯，我是沒有什麼問題的，不懂的詞語我也會用拆字來判斷那個字的意思。」

她還自信的說：

「我在班上國文程度滿不錯的，考試跟理解都沒什麼問題，這是我從國小兩年的閱讀理解課慢慢培養起來的能力，目前上課都很輕鬆，很快就能吸收老師所講的東西。」

小珍的話化作無比強大的動能，讓種子教師繼續堅持下去。

是的，後埔很大，或許走得不是很快，但在閱讀推動的路上，我們有方法、有感動，將激勵我們繼續向前行。

撰文者簡介

- 周于懷　新北市板橋區後埔國小高年級導師。曾任國語領域副召集人、閱讀理解社群召集人。
- 黃冠達　臺北市博嘉實小研發處主任、臺北市立大學教育系兼任助理教授。專長閱讀理解教學、實驗課程與教學設計、資訊教育及社會領域教學等。
- 蘇琬喻　新北市板橋區後埔國小高年級導師、新北市國小組國語領域輔導團員。曾任國語領域、閱讀理解社群召集人。

教學看門道

106/05/11

　　兩堂公開課都是五年級國語，選用的課文是〈山豬學校，飛鼠大學〉。

　　余文俊老師聚焦「**推論：由文本找支持的理由**」策略。課文最後一段提到「獵人哲學」，文俊老師選擇這個不算明確的觀點，要學生思考：「什麼是獵人哲學，以及其支持的理由」，二者互相對照釐清。

文俊老師讓學生先在組內進行自我提問的小組討論。

上台發表時，文俊老師尊重各組孩子的想法，並適時引導全班一同思考。

　　學生對答的過程屢屢讓人驚艷，學生會先確認自己聽懂對方的意見，再從對方的論述提出反駁；或是使用反詰的句子提出意見，如：「我覺得使用捕獸夾不是獵人哲學，難道爸爸在家裡教你用捕獸夾捕老鼠也算是獵人哲學

嗎？」或者更深度的思考文中「爸爸自己的想法」與「作者轉述爸爸的想法」（作者學到的東西），哪一個更有說服力。

文俊老師一直忍住不直接告訴學生答案，用一個又一個的問題引導學生想得更深入些，中間的思考激盪，讓人非常著迷。

＊＊＊

蘇琬喻老師使用的策略是「**自我提問：有層次的提問**」。

一開始先用學生畫的圖來複習意義段的內容，接著老師示範如何提問，並引出提問的答案可以跨幾個段落，甚至於全課課文；然後請學生操作，先在組內口說練習，最後與全班分享。

琬喻老師將學生提出的問題加以歸類、比較，其間不忘提醒「我正在使用的方法」，以便讓學生意識到策略的運用。討論時，琬喻老師指出判斷題目問的好不好，最重要的檢核標準是：「你問的問題是否讓人更理解文本？」而不是想辦法把人難倒。

學生提出的問題如：「從文本中，哪些句子和例子可以說明父親的獵人哲學是什麼？」不但句子完整，說明清楚，也掌握住了本課的主軸。

各組學生在黑板呈現閱讀課文後的「自我提問」，並提供參考答案。
琬喻老師接著透過並陳比較的方式，讓學生發現差異、激盪思考。

　　兩節課採用相同的課文，兩位教師雖有不同的教學目的，也使用不同的教學策略，但最終都回歸文本的主軸。

 教學文本簡介

　　〈山豬學校，飛鼠大學〉的作者是亞榮隆・撒可努先生。作者小時候常與父親去打獵，聽父親以擬人方式介紹山豬學校、飛鼠大學，以及與之相處的獵人哲學。

週三下午的公開課

千言萬語不如教一節課

撰文 / 黃碧智

推動閱讀有事做 ···

（學校實況） 想要突破教學現況，幫助教師安心觀摩交流。

（做法）

- 全校教師參加三天初階研習課程

- 週三下午公開觀課：學生自由報名參加

- 分析國中會考題目，印證閱讀理解的重要

- 為教學設計精緻化步驟

　　芸芸老師說，孩子自由自在的閱讀，積累一定的量自然就懂，何必教閱讀理解策略！

　　和芸芸老師觀念相同的師長，其實不在少數。

🔖 大家一起來觀課

　　為了讓全校老師都能參與閱讀理解策略的課程，屏大附小評估在週三下午進修時間進行教學觀課的可行性，除了運用全校最大的公約數時間，也可開放外校有興趣的老師參與。問題在於，週三下午孩子們不上課，那麼，是一場只有老師、沒有學生的觀課嗎？

　　團隊有人提議，開放給孩子自由報名參加。這是多麼大的挑戰，畢竟多數孩子早就安排活動了！懷著忐忑的心，發出報名表。儘管不多，還有十來個孩子報名，他們說喜歡學習閱讀呢！接下來，除了教學者需要準備教學，還得有行政團隊全力支援，包括調查參與學生、用餐、午休、上課分組、放學接送等等。儘管忙忙忙，團隊想做的，就是讓更多夥伴們一同參與閱讀理解策略教學。更開心的是，這樣一做，數年如一日。

「參觀安平古堡」週三下午公開課。

❀ 從「閱多」到「閱懂」

　　屏大附小在閱讀推動的路上，歷經不同階段。60 年代開始有藏書豐富的圖書館，進行每週一節的閱讀課和相關活動，播灑「悅讀」的種子。90 年代的閱讀教學，邁向新的里程。在「閱多」的基礎上，逐步朝向「閱懂」，也就是閱讀理解策略在屏大附小的實踐脈絡，可溯自 98 年度。學校開始思考閱讀理解的重要，開發課文大意的刪除摘要策略。繼而成為閱讀亮點學校，配合教育部計畫執行閱讀理解策略教學。

　　推動閱讀理解策略教學之初，校長設定全校 24 個班級一起參與。行政處室規劃了各年級推動的主要策略，更鼓勵全校教師參與三天的初階研習課程。各年級推派代表，組成教師專業發展社群，排定一年 6 至 8 次的週三下午社群研習時間。就在他校可能還跌跌撞撞時，屏大附小的推動，看來再順利不過。因此，104 年度躋身成為閱讀基地學校，持續推動校內閱讀理解策略的實踐，更走出學校，協助其他學校推動。

❀ 可以不參加這個計畫嗎？

　　當然，期間會產生不同聲音。

　　高年級老師反應，推論型自我提問的教案設計難度很高。

　　低年級老師疑惑，學生為什麼要自我提問？且教學中發現，孩子會為了問問題而問，這些問題可能讓理解變成很片段。

　　也有老師問，六何法可以用來重述故事，那為何低年級不推動重述故事？

　　不過，最大的問題不在推動的困境，而是心態的抗拒。也許可以這麼說，任何教學可以推動的理由只有一個，因為願意；無法執行則各有各的緣由。

　　終於，有人發聲。老師問：

　　「可以不參加『閱讀亮點學校』嗎？」

　　校長回應：

　　「當然可以不參加『閱讀亮點學校』，但對於閱讀理解策略教學，有沒有相對應的作法？」

　　的確，還有什麼對於閱讀理解教學比「閱讀亮點學校計畫」的規劃更有系統、有次序、有方法！於是，屏大附小全校繼續推動。不是因為執行計畫，而是因為孩子的需要。

　　教學歷程中，一次又一次印證，有些孩子閱讀之後，因為無法摘要，索性不寫閱讀心得。有些孩子則在回饋與分享中，喜孜孜的說他們最喜歡、最高興、收穫最大的課程，就是學會摘要。對於後者，教學老師感到無比欣喜；對於前者，老師更體認到閱讀理解策略教學的必要。

策略精緻化之教師共備。

✎ 閱讀理解策略有多重要？

困境，就像羽化成蝶之前的蟄伏，艱辛困頓，卻是必要的。團隊將這些困境，轉化成努力的方向。

首先，是確認閱讀理解策略的重要性。一開始，先分析國中會考題目，找出跨領域的考題，從解題能力印證閱讀理解的重要。團隊深知，閱讀理解策略實施最重要的說服點其實來自於教育部。

後來，適逢素養導向的教育改革，比對新課綱之後發現，新

課綱強調理解策略的學習，團隊找到了完美的施力點。於是，團隊在教師晨會、十二年國教宣導活動中，向老師們分享閱讀理解策略學習的重要。

閱讀策略精緻化，展現研究能量

學校亮點團隊接續做的，即是精緻化教學步驟，讓策略學習更接地氣，讓老師更樂於採用。這也是屏大附小的強項，常常有人稱許，屏大附小是研究發展型的學校。當年，團隊成功開發出中年級孩子也可學會的課文大意策略；為了自我提問策略，學校20多位老師讀著小學課本，共備開發出推論型策略的學習模式，這些都為人津津樂道。

此外，團隊亦大膽嘗試，以閱讀理解策略中的「重述故事重點」作為主要任務。校內團隊先是自行研討，將該策略的學習步驟精緻化。透過多次的教學實驗，修正步驟，除了請閱讀亮點計畫的指導教授指導，更邀請其他專家學者，嚴格檢視閱讀理解策略教學。

策略精緻化之教師共備。

　　如今，屏大附小不僅突破重述故事重點教學的困境，讓學習步驟更加精緻化；還將閱讀理解學習朝向培養素養的目標邁進，過去許多理念不同的老師也紛紛加入了呢。

撰文者簡介

• 黃碧智　屏大附小教師兼研究處主任，任教中年級閱讀課，屏東大學兼任助理教授。

教學看門道

常聽見許多老師表示，想多與其他老師交流教學心得，但受限於課堂時間，在校內互相觀摩已屬不易，跨校的觀課更是難得，畢竟老師離開學校總不免掛記著學生。

為了能讓老師安心交流，屏大附小特意選在週三下午於活動中心上課，並徵求學生自願參加。

今天是四年級國語文本〈氣味之旅〉教學，使用策略為「**課文大意：主題句**」。蔡櫻芬老師使用課文各段已刪去的成果，讓學生依照人事時地，從中找出主題句。整堂課蔡老師都氣定神閒，不疾不徐的引導學生，而學生雖來自不同的班級，但都擁有能與「熟悉的陌生人」討論的能力。

小組討論可以看出學生的思考歷程，運用了哪些方法。在討論第二段主題句時，某一組學生以動詞先找出「事」：包括「隊伍前進」、「傳來七里香味道」、「發表意見」、「聞到大王仙丹味道」等，再從中找出最符合主題的重點，寫出大意；最後閱讀檢查，修改句子，才算大功告成。

寫大意時，學生對語句也相當的敏銳，提出「大王仙丹能聞到橡膠味」這句應該要改成「聞到大王仙丹的橡膠味」，才不會造成主角不明的問題。

週三下午的公開課：〈氣味之旅〉。

📖 教學文本簡介

　　〈氣味之旅〉描述老師帶學生蒙上眼睛，用嗅覺感受大自然，體會與視覺不同的感受。文中提到的植物有大王仙丹、雞屎藤、七里香。

噹噹噹，校長上課囉

校長教，老師學

撰文 / 許淑玟

推動閱讀有事做 ···

(學校實況) 萬事起頭難，教師想做但不熟悉閱讀理解策略教學。

(做法)

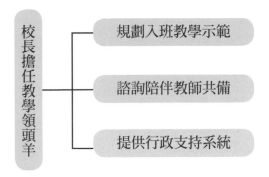

校長擔任教學領頭羊
├ 規劃入班教學示範
├ 諮詢陪伴教師共備
└ 提供行政支持系統

這 4 年，是我擔任校長 16 年來，最不一樣的 4 年！

我讓自己成為教學的領頭羊，到班級教室內親自授課，學習者除了學生之外，另一個主角是老師。上課給老師看，在第一線帶著老師們前行，陪伴老師們成為專業的閱讀教學者。

🌀 老師登場沒在怕

107 年 5 月初，彰化縣文祥國小來電，欲至仁豐國小參訪閱讀教學，以往這類的參訪主要都由校長介紹學校的閱讀推展與課程。但那一次，我想讓同仁試試看，以老師的角度分享班級的閱讀策略教學。詢問四年級的江宜瑾老師及六年級的謝昀庭老師，沒想到她們都一口答應了，時間就在兩天後的週三下午。

這麼短的時間準備，老師怎麼肯答應？宜瑾老師說：

「跟著校長學習閱讀策略教學三、四年，不管是策略教學、自我信心，我們其實已經 ready 好了！我們肯定自己在閱讀教學上的專業，各校要來參訪都沒問題，我們每個老師隨時都有一系列完整的資料可以分享。」

好霸氣的自信！但是，老師們的自信並非自我吹捧，而是靠扎扎實實的基本功，練就了一身好功夫。當天文祥國小校長原本說只來致意一下就要趕赴其他行程，結果一聽下來，雙腳硬是走不開。他說老師的分享實在太精彩太實用了，寧捨其他行程，也要全程參與，未來更要帶動校內老師一起跟進。

🌀 回顧來時路，放棄或接受？

面對困境時，究竟要選擇放棄還是接受？這往往是極為磨人的。想做的人找方法，不想做的人找藉口，我的真實經驗是找方法的過程，因為，我想做。

　　104 年 2 月 1 日我調至仁豐國小任職，中正大學曾玉村教授邀請我帶領學校團隊參加「課文本位閱讀理解策略教學亮點學校」計畫。我雖深知這個計畫能推進教師在閱讀教學上有效增能，邁向專業；但初來乍到，要老師們依計畫所列，撰寫教案、拍攝教學影片等，甚是為難。在放棄與接受間，反覆思索了好幾天，最後決定徵詢老師們的意願。

　　老師們一聽到這個計畫有專家學者入校輔導與諮詢，一開始極有興趣，但在得知還有那麼多任務時，頓時面露猶豫，老師們明說自己並不熟悉閱讀理解教學策略，也不知如何運用於課堂中。在那當下，我拋出一個大膽的想法：由校長入班教授閱讀理解策略，老師觀課，慢慢學習這些策略。

　　未料老師們竟一致贊同，你一言，我一語，熱烈呼應這個提議。於是，仁豐正式接受亮點學校計畫的挑戰。

校長進班上課，老師也當學生

　　校長要入班上課，務必要徵得老師同意，絕不能運用行政權，硬將自己塞進班級中。仁豐老師們為什麼願意讓校長入班上課？他們的想法大致有二：

　　第一，從學生學習角度來看，老師們信任校長在閱讀教學上擁有專業，能帶領學生有系統的學習策略。

　　第二，從教師成長角度來看，跟著有經驗的人學習策略教

學，能讓自己有機會成為專業的閱讀教學者。

　　一個班級要進行多久的課程才能讓師生皆受益？我的做法是一年選兩個班級授課，每週各上一節課，一年後再換另外兩班。以仁豐六班小校，三年即能達成到每個班上課的目標，若老師調動或有新進教師，則會延長時程。

　　入班上課前，每一堂課我皆充分備課，教材以現有課本內容為主，讓老師體會如何使用課文進行閱讀策略教學。我會自製完整的教學簡報，設計課前預習單及學習任務單，並和老師們分享，讓老師與學生同步學習，提升觀課的品質與成效。

許校長在四甲進行
寫大意策略教學。

聽聽老師怎麼說

　　江宜瑾老師表示，自己經常參加研習，但礙於時間短，通常僅止於「知道」，等回到班級實踐，仍無法抓到絕竅，導致聽了一堆，但難以真正落實到實際教學上。校長到自己的班上實際操

作教學流程，讓她有機會從旁觀摩學習，看竅門、看細節，因此更能深入掌握教學的步驟。

　　黃万己老師認為在校長還沒入班授課前，有些策略他不敢指導，怕誤人子弟；但在一次又一次的觀課之後，他開始對教學設計及操作有清晰的概念及圖像。而且教材就是自己平常上課的國語課本，觀課結束後，可以馬上接著再應用；不僅慢慢熟悉教學步驟，也循著校長提供的教學模式進行微調，累積了自己的教學專業。

❀ 學而後用，老師也有公開課

　　不過，雖然校長入班教學能提供教師觀摩與成長，但尚需教師「學而後用」，將所學到的策略運用於自己的課堂上，方能檢視自己的進步與困境。這是一個「學，然後教；教，然後知困；困，然後知不足；知不足，然後再學」的教學相長過程。

許校長在二甲示範〈猴子撈月亮〉詞彙擴展教學。

在仁豐國小，老師們還要定期辦理閱讀理解策略教學的公開課，開放課堂提供校內外教師入班觀課。但老師不是孤軍奮戰，校長會傳承經驗，陪伴老師共備。鄭靜怡老師在回憶自己準備公開課的過程中提到，公開課當然會有壓力，怕自己教得不夠好，但不會排斥。還好有校長陪著長達兩個月的共備，在六次討論中，來來回回調整修改教學設計，讓深度、豐富度、精準度益發深入，大大提高了自己的教學自信。

此外，老師們亦需輪流於週三進修時間分享自己的閱讀理解策略教學的實踐方法、困境與成果，由全校教師提供回饋。如果說觀摩校長入班上課是老師學習閱讀教學的起點，那麼教學分享就是他們的收割點。孫玲慧老師提到教學分享雖然會有壓力，但更是一個推力；在準備過程中，可協助自己更有系統的整理教學資料與學生作品，也可進一步檢視與反思教學流程。教學分享打破了閉門造車的生態，同儕相互回饋能讓未來的教學更加細緻。

楊渝琪老師也有很深刻的感受：

「看到夥伴們的教學分享與成長，更提醒自己切勿停滯不前。很開心每個老師都這麼認真，偕手同行，讓我自己也很放心的往前邁進！」

許校長在〈攀越生命的高峰〉語文課程中引導學生自我提問。

人與行政措施，專家鷹架不可少

走過這一段「校長教，老師學」的歷程，不僅老師們成長了，我也成長了。

原來老師們願意增能，渴望成長，但他們需要的不是蜻蜓點水式的研習，而是持續、長久的專業陪伴。一、兩年甚或三年、四年，長期穩步前進，才能真正協助老師。

老師也需要克服「我不會、我不懂」的猶豫及擔憂，願意花時間接受學習與挑戰，唯有「由衷願意」，才有機會真正進步。這段路讓老師們有機會重新當學生，是非常珍貴的經驗。如果老師們在學習新知時都需要這麼多的陪伴、支持與鷹架，那麼孩子

更是需要；當老師面對學生能將心比心時，將成為一位更具專業的良師。

　　仁豐國小的例子提供了一些參考經驗。專家鷹架不可或缺：一是人，二是行政措施。前者指專家系統的陪伴、示範、解說與諮詢；後者指有助教師提升的行政舉措，例如，許多老師不習慣整理教學資料，教學分享的措施便可促使教師思考如何整理龐大零碎的教學資料，發展統整與歸納的功夫，逐步形塑完整的教學架構，成為有效能的教學者。

撰文者簡介

- 許淑玫　彰化縣仁豐國小校長，曾任臺中教育大學兼任助理教授、彰化縣閱讀教學輔導團組長，擅長閱讀教學、行動研究。

教學看門道

106/05/18

　　踏上彰化縣仁豐國小的樓梯，邊走邊讀了階梯上的故事《誰搬走了我的乳酪？》，今天會不會發現新的乳酪呢？

　　說課時間，校長親自分享了深度的教材分析，說明教學思考脈絡，校長的身先士卒，與教師一同面對課堂現場的變化多端。

　　走進三年級的教室，便可看見教室四周貼著學生之前小組討論的成果，這次教學的課文是〈巨人的花園〉，使用的策略是「**自我提問**」。

問題	問題	自我檢核（請勾選）
事實的問題		1.□我有用問號。 2.□我有用 **5W1H** 來出問題。 •Who誰？ •What什麼事？ •When什麼時間？ •Where什麼地點？ •Why為什麼？ •How如何？ 3.□答案可以在文章裡直接找到。
推論的問題		1.□我有用問號。 2.□我用 人物心情的變化 來出問題。 3.□我用 前後變化 來出問題。 4.□答案要經過思考、推理才能找到。
評論的問題		1.□我有用問號。 2.□我有用關鍵詞。 （你覺得、你認為、如果是你、對你而言…） 3.□我用 人物的特質 來出問題。 4.□我用 把自己當作主角 來出問題。 5.□答案要用自己的知識、想法或評論回答。

〈巨人的花園〉提問檢核表。

　　江宜瑾老師從複習六何法開始，接著練習有層次的提問。江老師並非光揭示提問的步驟請學生操作，而是針對課文分析，著眼於角色心情行為、花園景色、春天、圍牆等各種變與不變，設計相應的提問檢核表協助學生學習。整堂課多半都由精彩的問答構成，江老師非常擅長追問，除了要求學生說出完整的句子之外，也不斷地請學生補充表達的內容，讓想法更完整。學生討論非常熱烈，肢體語言也不缺席，盡全力地想要讓組員瞭解自己的想法。

　　分享時學生提出了許多好問題：「為何小朋友走過，草就綠了，花就開了？」、「為何巨人的花園冬天顯得如此漫長？」我們必須承認，有的問題連大人都想不到啊！更重要的是，學生們也都能一起合作，從文章中找出答案。期盼這樣自問自答的歷程，最後能變成學生自學的能力、習慣思考的態度。

同儕互動討論神情專注。

師生互動掌握學習情境。

 **教學文本簡介**

〈巨人的花園〉一文的作者是奧斯卡 · 王爾德，敘述有個美麗花園是孩子的快樂天堂，但這個花園的巨人主人，把小孩全部趕走，結果花園變得一片死寂。後來，小孩子偷偷鑽進去玩，帶來了春天，巨人這才明白了，於是拆掉圍牆，讓花園更美麗。

国立嘉義
大學附小

傳·承

在每個有需要的孩子課堂上點燈

撰文 / 薛夙芬

學校實況　期待學生愛上閱讀，提升語文能力；教師精進之心不斷，只怕困在教學的象牙塔中。

做法

> 1.建立團隊，共同備課，資深老師傳承教學經驗
> 2.同一策略換班互教，找出最佳教學模式
> 3.與學生站在同樣高度，解決學習困難

> 學生下課後繼續討論課堂內容，自學能力逐漸提升

> 老師找到教學者的意義

　　坐落在北回歸線偏北，與阿里山小火車起點北門驛為鄰的嘉大附小，周圍是昔時因應林業開採而建設的日式宿舍群，現整建為觀光取向的檜意森活村。而僅隔一片牆的嘉大附小校園，處處裝飾著學生作品，穿堂壁飾呈現著學校以天文的意象凸顯學校願景──「每個孩子都是一顆閃亮的星星」。歷史文化與天文科學在這個校園彼此間毫無違和感，就如同學校裡資深老師對新手教師照顧提攜，傳遞教學經驗。

以為對閱讀喜愛，就可以感染學生

　　臺南師專 (臺南大學前身) 語教系、臺東大學兒文所畢業的龔佳穎老師，熱愛閱讀與語文的學習，在她的求學歷程中，覺得閱讀就像呼吸，自然而然就會了。在自己的班級裡，佳穎老師常和學生分享閱讀的發現，試圖帶領學生進入閱讀的殿堂，可是她發現學生的眼中並沒有如預期中閃耀著閱讀的光芒，也沒有因為她的鼓吹，更提升學生的語文能力。似乎，喜歡語文的仍只有她；她和學生，走在兩條看似重疊，實則沒有交集的平行線上。

　　和佳穎老師同為臺南師專語教系畢業的薛夙芬老師，談到自己的工作，熱情的雙眸中稍稍閃過一絲的不確定：

　　「其實，以前我常常懷疑，我的國語課，到底要教給學生什麼？」

長年擔任高年級導師，有時候學生代表學校出去比賽，當她要替這些缺課的學生補課時，常常只補數學，「國語和社會你自己看看就可以了」，如果國語和社會自己看就可以，那平常上課是不是也不需要了？

🔍 與閱讀理解策略相遇，「亮點」帶給「暗角」希望

直到有一次，佳穎老師和夙芬老師參加一場研習，內容以PIRLS（促進國際閱讀素養研究 Progress in International Reading Literacy Study）閱讀評量的方式來設計課程，這場研習給予她們很大的衝擊，在茫茫大海中，好像隱約看到指引教學方向的那盞燈。

同年九月嘉大附小謝佳伶主任就邀集校內夥伴，一起加入閱讀亮點學校計畫。

甫從臺中調回嘉大附小的孫尤利老師，擔任行政工作多年，獲知接任高年級導師的任務時，心裡頗為擔憂，所以當佳伶主任邀請她加入團隊時，抱著幫助自己迅速熟悉教學工作的期盼，她一口答應了。

在試辦階段，除了邀請教授到校指導，佳伶主任也常利用教師晨會，分享閱讀理解策略的精神與做法。但是，雖然知道怎麼教，也運用在教學上，但還是膽戰心驚，尤利老師回憶：

「那時最常教導摘要策略，可是很擔心學生的答案和我設

想的不同……」

對此，教授勉勵大家放下「一言堂」的標準，從學生的回答找出教學立基點。這樣不斷練習並嘗試從學生的困難點切入教學，幾年下來，尤利老師發現自己在課堂上的彈性變大了，就算學生的回答不在她的預想範圍內，她也能從容接招：

> 「我本來像是在黑洞中摸索前進的旅人，找不到出口方向，所幸亮點社群裡，總有教授、主任、社群成員的支持，照亮前方的道路。」

🔍 孩子閱讀會卡關，閱讀策略像解碼

不只是尤利老師，佳穎老師也深有同感，自從接觸了閱讀理解策略，佳穎老師認為：

> 「這一套策略像是一種解碼，也像是一種路徑，幫助孩子解開了文字中的奧祕，也讓我看見孩子在理解的這條路上被什麼給困住，以至於他們到不了我心中那個美好有趣的文學世界。」

原來，同樣是閱讀，有人不懂詞，有人不懂句子，有人缺乏背景知識……，才知道孩子們在閱讀上竟然會有這麼多不同的困難！

帶著這些「同理」，佳穎老師和學生站在同樣的高度，一起解決問題；再透過策略的運用，走向充滿趣味和饒富意涵的文字星球。

　　將閱讀理解策略落實在自己的課堂教學後，夙芬老師發現，學生跟著改變了！學生能主動推論出文意，也敢對老師，甚至對作者提出質疑；更令她自豪的是，每次上完國語課的下課時間，學生常常「續攤」繼續討論課堂上的內容。遇到出去比賽而缺課的學生，補課時只要引導或是提醒使用哪個策略，學生多半能夠自學，但反而為了不能在課堂上和大家討論而覺得若有所失。

　　至此，夙芬老師知道，她找到身為教學者的意義了。

冰蕾老師引導學生如何整理故事元素。

✿ 傳：離開，不是離開

　　團隊成軍之初，成員包括補救教學及各年段導師共十幾人。但隨著每年職務的調整，成員來來去去，甚至退休，其中包含創團元老──謝佳伶主任和龔冰蕾老師。

　　頂著一頭灰白短髮，走起路來精神奕奕，總是面帶笑容和每

個人打招呼的冰蕾老師，是嘉大附小「探究式資訊素養實驗課程」的一員，但多年實施這套課程的她，深知探究式課程成敗的關鍵盡在「閱讀理解」。

在高年級教學群中，冰蕾老師遇見團隊裡的好夥伴——夙芬老師。除了共同討論與備課，以及方便分工和修正策略，兩位老師進行了「同一策略換班互教」的協同方式，希望能找出最佳的教學模式。此外她們也攜手合作過兩次公開觀課。在這些合作過程中，她們深深覺得：夥伴共備能幫助自己走出教學的象牙塔！

105 學年度結束，冰蕾老師進入人生另一個階段：退休。但這不是她教學生涯的終點；相反的，她想以更自由的方式前往偏鄉去做「閱讀理解策略」、「自主學習」的課程推廣和落實。希望師資不穩定的偏鄉小校，也能和這些亮點基地學校裡的孩子一樣，擁有良好的閱讀理解能力。

佳穎老師聆聽學生發表兩篇
文章比較後的看法。

承：亮點不滅

兩年前從屏東離鄉背井來到嘉義的朱鶵瑾老師，是繼冰蕾老師和佳伶主任退休後才加入附小團隊的生力軍。而隨著 108 課綱上路，嘉大附小研究處邱家偉主任也扛起重擔，繼續帶領附小亮點團隊持續前進。

走過草創與變動的前八年，團隊中有人離去但也有新血加入，在代代傳承中，我們越走越從容。如同冰蕾老師以她一貫溫柔又堅定的語調所說：

「雖然和仍在崗位上兢兢業業的附小團隊分道而行，但其實殊途同歸。讓我們繼續傳承這個點燈的志業，在每個有需要的孩子的課堂上！」

撰文者簡介

- 薛夙芬　國立嘉義大學附設實驗國小教師，為課文本位閱讀理解策略教學的種子
  教師，擅長國語文教學及閱讀理解策略的教學設計。

教學看門道 **1**

文言文登場了。六年級國語課〈橘化為枳〉的課堂，龔冰蕾老師請學生念一段課文，然後看著文言文口述翻譯成白話文，接著進入本堂課的教學目標：完成大意，使用的策略為「用文章結構寫大意」。

龔老師請學生畫出這一課的結構圖：「請畫出能有效幫助你說出這一課大意的結構圖。」不管是宣達任務、小組工作的分配、確定聆聽品質，都非常清晰具體，老師也提供了詳細步驟的卡片，若學生不知從何著手，可以從卡片上獲得協助。

學生各式各樣的結構圖就這樣產生了。老師給予各組回饋時，第一個是把學生的作品分成 3 類：1. 不是依課文自然段產生的結構，直接從文意分段；2. 使用自然段分成意義段；3. 用六何法找出故事中的人事時地物及為何。

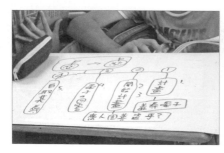

學生以序列式的文章結構呈現〈橘化為枳〉的內容。

學生找出故事中的六何，畫出概念圖，並依文本討論各概念之間出現的順序。

　　有學生將課文第一句「晏子使楚」獨立成一段，簡單明瞭說明了故事的起因。於不同結構圖中，教師請學生選出「最能幫助你說出課文大意的結構」，並依照該結構說出大意。在學生說大意的過程中，檢查故事的脈絡及結構圖，老師協助學生說出楚國的詭計是什麼，讓學生體會少了起因，故事便不能開展，一步步讓大意更完整。

 **教學文本簡介**

　　〈橘化為枳〉的故事敘述齊國晏子出使到楚國，楚王故意為難晏子說齊國人愛偷竊，晏子漂亮的回應：莫非是楚國的環境，讓本來好好的齊國人到了楚國就變壞了。

教學看門道 2

106/05/18

　　三年級翰林〈笨鵝阿皮〉的課堂，使用的策略是「**推論：由文本找支持理由**」。

　　孫尤利老師先複習上一堂課的六何法，請學生依起因、經過、結果，搭配課本插圖，說出故事大意。「說出大意之後，我們要做什麼呢？」為了讀得更深入，理解故事背後的意思，接著進入推論策略。「推論」的概念很難直接用三年級可懂的描述來定義，孫老師使用大家熟知的「毛利小五郎 vs. 名偵探柯南」，說推論的時候要像柯南一樣，舉出證據。教師以下面兩個角度提問：

Q1：阿皮變聰明了嗎？有哪些支持的理由？

Q2：小動物們認為阿皮變聰明了嗎？有哪些支持的理由？

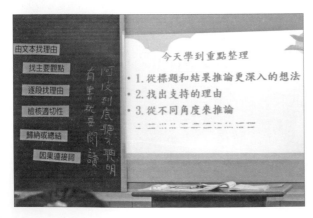

尤利老師在每節課教學最後，會讓學生回顧學習到的策略及文本內容，深化學習。

　　學生顯然習慣討論、樂於討論。發下學習單後，總
有學生想要趕快把答案寫好，就有組員不斷提醒：「要討
論！要討論！」這肯定是老師長時間經營的結果。當學生
回答發散或太籠統，孫老師會肯定學生的發言，再問：「你
們剛剛說了很多答案，都有一個共同點。你們覺得是什麼
呢？」小組討論時，若有組別遇到困難，老師的提示也是
慢慢釋放，先建議：「要不要看看下一段？」若學生還是
覺得困難，再提更具體的：「想想老馬牙疼這件事裡……」。

學生在小組討論時能夠輪流說出
自己的看法以及支持的理由。

📖 教學文本簡介

　　〈笨鵝阿皮〉改寫自羅傑・杜佛辛的作品，故事描述
笨鵝阿皮撿到一本書，以為只要帶著書，就能讓自己變聰
明，出了許多餿主意，換來了不妙的結果。

二、循序漸進，建構課程

1   **幸福共好的閱讀課**

   課堂上的專注時間

2   **閱讀策略不是只給資優生**

   看見孩子的需要

3   **翻轉「點點表」**

   從一個策略開始

幸福共好的閱讀課

課堂上的專注時間

撰文 / 邱義仁、楊怡婷

推動閱讀有事做 ··

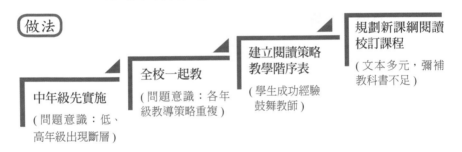

(學校實況) 教師認為策略教學會打亂原本教學、耗時;年級間
策略學習有斷層。

(做法)

規劃新課綱閱讀
校訂課程

(文本多元,彌補
教科書不足)

建立閱讀策略
教學階序表

(學生成功經驗
鼓舞教師)

全校一起教

(問題意識:各年
級教導策略重複)

中年級先實施

(問題意識:低、
高年級出現斷層)

···

　　新官上任三把火。對於一個級任老師而言,新校長在校務會
議中的理念宣言不太會去關心,但沒多久卻從教務主任口中接到
以發展閱讀為主軸的校訂課程新任務。回顧這一個發展歷程,有
挑戰、有艱辛、有溫暖,還有更多的成就感。

🔍 中年級閱讀社群帶頭跑

時間回到 102 年，南大附小參加閱讀亮點學校計畫，一開始以中年級的閱讀理解策略教學為主，成立中年級老師為核心之專業社群，讓學生內涵與實作並重，透過閱讀理解策略的教學，帶領學生深入瞭解課文文本的含意，並有後續的應用。剛開始推動時，的確引發了一些爭議：

「要為了教策略而打亂了過去語文教學的基本步驟？」

「原本的教學模式沒有不好，為何一定要依照固定的步驟進行教學？」

「教策略很耗時，會不會教不完？」

語文領域資深的素瓊老師，熱心分享教學經驗，指導老師們掌握策略教學的重點，且不斷的耳提面命：

「老師的觀念要改，不一定要把所有的都教完，而是分析這一課的重點，把最重要的知識、方法策略教給學生，讓學生學習方法，活用學習。」

當中年級教師們開始掌握閱讀策略教學之精妙，思考月考試卷如何結合策略進行評量，也感受到策略教學有助於學生的理解與學習，此時面臨了新問題：

「低年級若先有基礎，中年級會不會比較容易上手？ 」

「我們好不容易中年級教會了閱讀策略，若高年級斷層就太可惜了。」

姻秀老師的公開觀課，演示「理解監控」教學，學生在分組中討論不懂的語詞。

全校教師一起教策略

為了讓低年級學生能有基本的閱讀理解能力，以銜接中年級的課程，且讓高年級能延續完整的策略學習，學校在 103 學年度大膽做了一個決定：全校教師一起教閱讀理解策略。

36 個班級一起教，這個決定在當時算是壯舉，尤其附小的老師在國語教學都自有一套方法與自信，有些策略其實老早就在教

學中使用，一開始的推動沒有預想中的難，再加上學校舉辦了低中高不同年段的策略教學研習，幫助教師掌握策略教學的原則與方法，並給予老師自由與彈性，沒有太多限制，鼓勵每個學年挑選一個策略進行兩課以上的教學，一學期過後老師們很快就駕輕就熟。但接下來的問題是：每學年討論出來的策略沒有變化，也不想做新的嘗試；從中年級到高年級，大家很有默契的選擇容易上手的「由文本找支持理由」策略，然而，學生總不能只用一招半式走天下吧！

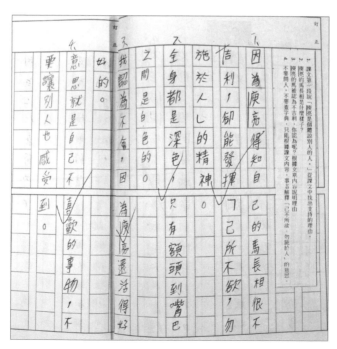

學生熟練「由文本找支持理由」後，可自行完成老師指派的作業。

建立閱讀策略教學階序表

在臺南大學陳海泓教授和詹士宜教授的專業指導下，社群教師展開對話，開始規劃一到六年級的教學階序，涵蓋課文大意、推論、提問等策略，目的是希望閱讀策略教學能由下扎根，往上茁壯，讓教與學更有系統性與連貫性。

年段	年級	上學期策略	下學期策略
低	一	流暢 （流暢性）	推論 （連結文本的因果關係）
	二	課文大意 （重述故事重點）	自我提問 （六何法）
中	三	課文大意 （刪除歸納主題句）	理解監控
	四	課文大意 （認識文章結構）	推論 （由文本找支持理由）
高	五	課文大意 （以文章結構寫大意）	自我提問 （有層次的提問）
	六	推論 （找不同觀點/找反證）	自我提問 （詰問作者）

國立臺南大學附小：各年級閱讀策略教學階序表。

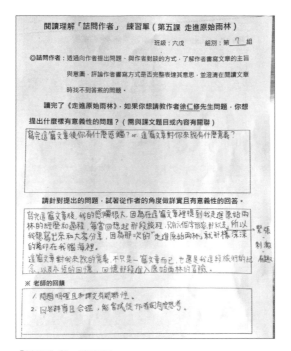

閱讀理解「詰問作者」練習單（第五課 走進原始雨林）

班級：六戊　　組別：第 7 組

◎詰問作者：透過向作者提出問題、與作者對談的方式，了解作者書寫文章的主旨
　　　　　　與意圖，評論作者書寫方式是否完整表達其意思，並澄清在閱讀文章
　　　　　　時找不到答案的問題。

　　讀完了《走進原始雨林》，如果你想請教作者徐仁修先生問題，你想
提出什麼樣有意義性的問題？（需與課文題目或內容有關聯）

寫完這篇文章後你有什麼感觸？or. 這篇文章對你來說有什麼意義？

　　請針對提出的問題，試著從作者的角度做詳實且有意義性的回答。

寫完這篇文章後，我的感觸很大，因為在這篇文章裡提到我走進原始雨
林的經歷和過程，每當回想起那段旅程，只有幾個字形容那就是，所以
我想寫出來和大家分享，因為那次的「走進原始雨林」就那樣深深
的烙印在我腦海裡。
這篇文章對我來說的意義，不只是一篇文章而已，也還是我這段旅行的紀
念，以及永恆的回憶，回憶那段走入原始雨林的冒險。

※ 老師的回饋
　1. 問題明確且和課文有關聯性。
　2. 回答詳實且合理，能嘗試從作者角度思考。

「詰問作者」學習單。

　　在此同時，學校辦了相關增能研習，在推動的過程中儘管教師們還是有不少疑問，但也有意外的驚喜。

　　原本以為只要把「由文本找支持理由」的策略教完就可以交差了事的義仁老師，在南大教授和研究處不斷的要求下，順手拿著手邊的國語課本，把課文第一段隨意刪一刪，沒想到剩下的內容竟然和教學指引的大意一模一樣，開啟他想用閱讀策略寫大意的教學。之前教一課大意要花一節課，要求學生找出重點，這對能力較弱的學生其實滿辛苦的，看著不動如山的學生，往往只能

用急切的口吻催促著：「找啊！你就趕快找啊！」因為這個經驗，老師開始進行「刪除、歸納」的策略教學，由教師先示範一系列刪除的步驟，讓學生依循此法進行小組共作，最後練習自我獨立完成。從一開始，學生拿到課本的文章，開心的胡亂刪除，到後來，老師不必擔心他們抄自修，寫大意成了回家功課。雖然一開始教「刪除、歸納」花了不少時間，不過當學生可以熟練掌握這個策略，教師意外發現可以省下時間進行其他教學。這樣的成功經驗鼓舞了社群教師，各自在不同年級專研與精進。

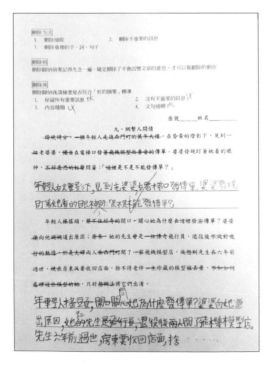

「刪除、歸納」學習單。

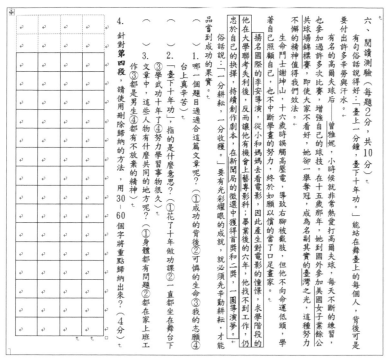

六、閱讀測驗（每題2分，共10分）

有句俗話說得好：「臺上一分鐘，臺下十年功。」能站在舞臺上的每個人，背後可是要付出許多辛勞與汗水。

有名的高爾夫球后——曾雅妮，小時候就非常熱愛打高爾夫球，每天不斷的練習，也參加過許多次比賽，增強自己的球技。在十五歲那年，她到國外參加美國女子業餘公共球場錦標賽，即使大家不看好，她卻一舉奪冠，成為名副其實的臺灣之光，這種努力不懈的精神值得我們效法。

生命鬥士謝坤山，十六歲時誤觸高壓電，導致右腳被截肢，但他不向命運低頭，學著自己照顧自己的努力，終於如願以償的當了口足畫家。

揚名國際的李安導演，從小和媽媽去看電影，喜歡上電影的憧憬，求學階段的他在大學聯考失利後，反而讓他有機會上藝專科；畢業後的六年，他找不到工作，仍忠於自己的抉擇，持續創作劇本，在新聞局的徵選首獎和二獎，一圓導演夢。

俗話說：「一分耕耘，一分收穫。」要有光彩耀眼的成就，就必須先辛勤耕耘，才能嘗到成功的果實。

（　）1. 哪一個題目適合這篇文章呢？（1）成功的背後（2）可憐的生命（3）我的志願（4）台上真辛苦。

（　）2.「臺下十年功」，指的是什麼意思？（1）花了十年做功課（2）一直都坐在舞台下（3）學武功十年的意思（4）努力學習事物很久。

（　）3. 文章中，這些人物有什麼共同的地方呢？（1）身體都有問題（2）都在家上班工作（3）都有努力不放棄的精神（4）都是男生。

4. 針對第四段，請使用刪除歸納的方法，用30—60個字將重點歸納出來？（4分）

「刪除、歸納」的策略融入期中考試卷。

幸福共好的閱讀課

計畫執行了幾年後，教師們對策略的教學漸趨穩定成熟，正當思索未來還可以努力的方向時，一個新的契機又出現了。

新上任的許誌庭校長是臺南大學教育系教授，配合新課綱發展校訂課程，規劃一個宏大的課程計畫，以十二年國教「自發」、「互動」、「共好」為核心理念，發展出「三生有幸福」的課程願景，規劃六個跨領域統整性的主軸課程，目的在引領學生追求

內在善與外在善兼具之幸福人生，其中一個主軸課程就是閱讀教育。

擔任社群召集人的義仁老師接到這個任務，擴大原本的團隊，邀請一到六年級熱心投入閱讀教育的老師們，一起規劃屬於全校的閱讀課程。

團隊先檢視學校閱讀教學現況，發現以課文為本位的閱讀教學有其先天上的侷限，舉例來說，學生隨時攜帶課本，根本無法教「預測」；課文篇幅短，指導長文閱讀必須另外找文本；最後，國語課本的體裁無法因應多元文本趨勢，因而希望藉由校訂課程的研發，將閱讀延伸到多元文本，尋找閱讀策略教學更多的可能性。

要根據哪些判準來選擇文本呢？有些老師希望能扣緊策略，有些老師希望扣緊議題，有些老師參考 PISA(國際學生能力評量計劃 the Programme for International Student Assessment) 的文本分類，最後統整這些想法構思出課程架構，作為老師選文及課程設計的依循。

例如，設計四年級課程的文娣老師在發放「流感疫苗注射同意書」的同時，想到每年學生收到那麼多通知，是否能從通知中讀懂重要的訊息？因此，在團隊規劃的課程架構中，希望中年級的學生能學習閱讀表單、申請書、圖表等非連續文本。五年級的姻秀老師在閱讀策略教學深耕多年，一直沒有機會指導學生「預

測」策略，她選擇一篇得獎的少年小說，從閱讀標題開始預測，一段一段的讀，每讀一段就可以修正自己的預測，真實且完整的將預測運用在長篇閱讀中；教學過程中發現學生超級愛寫，從寫預測變成寫故事，透過每一次的寫作對照原文故事的發展，累積的經驗就轉化成寫故事的技巧。校訂課程的實施，讓附小的孩子從一年級開始就有老師陪伴指導多元文本閱讀，一步步累積終其一生大有用處的閱讀素養。

邀請國語實小林玫伶校長擔任諮詢委員，多次蒞校指導閱讀課程。

　　課程經過團隊老師共同編寫教案、教材，並以閱讀策略作為共同討論的語言，長篇或深難的文本給「自我提問」和「理解監控」一個更寬廣的發揮空間，也引導學生將所學策略運用至科普

文章、短文和小說，無形中提升了教師的教學能量，也強化了學生的閱讀素養。目前課程經過一年試行修正，進入第二年的全面實施，這學期每個學生的課堂上，有著全校教師精心設計、共同編纂的《幸福好學堂》讀本，翻開一頁頁精彩的文章，在老師們專業用心的引導下，從學生專注學習的眼神中，聽見師生正在共譜幸福的學習旋律。

《幸福好學堂》讀本封面及內文。

撰文者簡介

- 邱義仁　國立臺南大學附設實驗國小教師，專長閱讀教育。
- 楊怡婷　國立臺南大學附設實驗國小教務主任，曾任國立臺南大學兼任助理教授，
　　　　　專長閱讀教育。

教學看門道 1

106/04/26

　　走近觀課教室，除了被走廊上學生使用策略的成果吸引之外，發現海報上有南大附小自己規劃的策略階序表。這表示老師們已經過各種討論取得共識，全面推展，也顯示出不疾不徐、循序漸進的策略使用精神。

　　邱義仁老師以「刪除／歸納寫大意」的策略，寫出三下國語〈破紀錄〉這一課的大意。這是一個體育課練習跳高衍生出的故事，邱老師不再依自然段落逐段刪除、歸納，而是給學生長篇幅文本的練習。學生有了新的震撼：寫大意時，某些自然段落竟可全部刪除。

　　議課時，老師們除了提出疑惑、想要進一步了解的問題之外，也提供許多具體的做法，如全班投票選作品，可兩組兩組呈現，可謂見樹見林。邱老師也不吝惜自己的教學思考，與大家分享因為想要達到的教學目標、考慮教學時間而做的取捨。其中大家討論到寫大意，是應該「刪除不要的」，還是「選擇重要的」？其實這跟學生的情況有關，走在前頭的學生可以一眼讀出重要的概念，但剛開始什麼都不知道的時候，「刪除」是很好的著手方法。

　　「刪除／歸納寫大意」到底讓學生有什麼改變呢？邱老師說：「一遍一遍刪除又重新閱讀，是不斷的操練學生

的理解思考，我的學生開始會斟酌字句，感受文字。」楊怡婷主任也說：「實際的操作讓學生變得很專注。」不論原因是學生有要達成任務的使命感，或是可以對課文「動手動腳」的新鮮感，都很希望學生能這樣專心致志，細細咀嚼文章，然後感受到語文的美。期待未來問卷調查的時候，學生對國語課的喜愛度可以名列前茅啊！

📖 教學文本簡介

　　〈破紀錄〉一文的作者是李潼先生，故事描述主人翁阿龍在體育課跳高時，總因不敢嘗試而失敗；回家路上因被狗追，著急翻牆，破了學校跳高紀錄。

今天與活潑的二年級小朋友相伴，一同優游大海，看看動物們「神奇的本領」。

這堂課使用的策略是「**推論：連結文本的因果關係**」，二年級的課文雖然短小，但楊佳蓉老師能充分使用裡頭的句子小節，來學習思考因果關係，是小兵立大功，也是軍師功力深厚的證明啊！首先是課文拼拼樂：

1. 從問句出發：「怎麼會有黑黑的煙？」

2. 與下面小節配對：「章魚噴墨汁」

3. 再排入適合的位置：「想從大魚面前逃跑」

學生討論熱烈非常，紛紛站起身，集中注意力在老師發布的任務上。在進行之中，楊老師不斷詢問：答案全組都同意嗎？為什麼選擇這一個答案？為什麼不能是另一個答案？在「為什麼」的轟炸之下，學生們都很自然的使用「因為」來表達意見。

課程後半，請學生把「因為」、「所以」放入文本之中，並且驗證因果間的合理性，學生的「因為」張口就來，但並不一定明白其中的邏輯關係。明白課文所述之後，再回到生活上的例子，看是否能靈活應用。因果的意義與情況有：

1. 因為 A，所以 B。（A先發生，導致 B）

2. 三件事情 A B C。因為 A，所以 B；因為 B，所以 C。
   B既是結果也是另一件事的原因。

3. 可延伸：一因二果。因為 A，所以 B跟 C。

　　思考的時候楊老師也不斷提醒：要回到文本，自己念一下看看合不合理。如「因為下雨，所以帶傘。」還是「因為帶傘，所以下雨。」雖然我們實際的行為都是先帶著傘，才等著下雨的。但那是「因為氣象預報告訴我們可能會下雨，所以帶著傘。」下雨也不是因為我們帶傘才造成的唷！

　　學生很自然的在上課過程中，便記住了所有課文。但真正開心的是，有的學生能在「怎麼會」與「原來」的線索裡面，自己發現「原來，那是因為……」與「怎麼會」的因果關係。又或學生可以讀出「是誰在汙染海水？」是作者自己覺得汙染了，這些大腦的 Aha 感受 (恍然大悟)，才會是跟隨一生，從思考中學習到的深刻。

教學文本簡介

　　〈神奇的本領〉一文說到了章魚、水母、發光魚等屬於海中生物的牠們都有自己的特長。

閱讀策略不是只給資優生

看見孩子的需要

撰文 / 黃秀慧

推動閱讀有事做 ●●

學校實況 學生口語表達不盡理想，閱讀學習有落差。

做法

第一年	第二年	第三年起
閱讀研習資料	修正各年級策略	搭配閱讀策略，每個年級各有主題
共備：教學設計	共備：掌握文本特性與策略適用性	
拍攝教學影片	找出學生學習難點，修改教學	

●●

　　「強颱利奇馬颱風預計明天凌晨碰觸臺灣，預估將夾帶強風豪雨襲臺⋯⋯。」新聞台正強力播放颱風警報，黃秀慧老師趕緊到一樓閱讀樹前將上面陳列的書籍下架。這棵閱讀樹是由家長會洪會長致贈，看著上面嵌著全國閱讀磐石學校的獎牌，不禁想起

這八年來推動閱讀教學的點點滴滴，回首過往，沒想到八年前只是一個改變教學的想法，如今能在興安看到閱讀教學開花結果。學生的閱讀能力與興趣不斷提升，閱讀教師社群成員從 11 人增加到 20 人，也看到了家長態度的轉變與重視，這一路走來著實不容易。

初春的午後，親子在學校草皮上一起共讀。

學校不山不市，學生程度落差大

興安國小位在八掌溪旁，是嘉義市郊區的一所 27 班的小學。在這樣一所「不山不市」的學校裡，存在學生程度落差大、口語表達不盡理想、閱讀能力不好等問題。有人形容我們學生是「肉雞仔」，既不像山上的孩子有著敏捷強健的身體，也不像市中心

的孩子課業才藝樣樣精通。因此，八年前（100學年度）校內一群志同道合的老師希望能組成讀書會，透過閱讀教學來改善學生學習的困境。

起心動念下，幾位好友再加上教務主任邀約各學年有興趣的老師加入，興安閱讀教學教師社群於焉成立。有了人馬，第一步要怎麼走呢？當時中正大學在100年暑假辦理閱讀理解策略教學研習，夥伴們在什麼都不清楚的情形下就報名參加，研習後卻有更多的疑惑，心裡納悶著興安的學生程度落差這麼大，這種教學會不會只適合資優生呢？

這些問題一時之間也找不到答案，即使參考他校的教學經驗，也會因人、時、地而有不同的結果。唯有實地進行教學實驗才能找到解答，就這樣開始了八年多在興安的閱讀教學實踐之旅。

基地學校跨校教學觀課。

🔍 初次實施，教學一起來

第一年，興安在各年級實施閱讀策略教學，分別是朗讀、重述故事、預測、概念圖、摘要、六何法等策略。老師們先研讀資料，透過共備進行教學設計，拍攝教學影片提供其他老師參考，而其中最花費心力的是自編施測工具，評估學生學習成效。

老師們透過共備進行教學設計。

老師們運用《親子天下》朗讀速度測驗進行一對一評估，以瞭解一年級學生朗讀的流暢性；針對二年級，錄下學生重述故事的內容，打成逐字稿，分析學生進步的情形；又選擇不同文本測試五年級學生摘要的情形，以及設計學習單瞭解學生在預測、概念圖、六何法學習的狀況。

經過第一年「盛大」而「慘烈」的實驗教學，雖然累得像狗一樣，但也得到了許多寶貴的經驗，例如老師自己實際練習摘要，

會更清楚學生摘要時的難點；看到不同年級策略教學的情形，讓老師知道策略的適用性及各年級如何銜接；為了掌握低年級學生的識字量而求教於師大李俊仁教授，老師因而學會如何針對低年級進行識字評估的方式。

不同年段閱讀理解策略教學分享。

◎ 調整方向，每年增加一重點

經過一年的閱讀策略教學實驗，期末課程發表時邀請中正大學連啟舜教授蒞校指導，第二年起六位核心成員開始加入教育部閱讀亮點學校計畫，除了希望更為精進之外，還能引進大學的輔導資源。這時，興安也確立了閱讀社群努力的方向：

首先，重新修正各年級的閱讀教學策略：朗讀＋部件教學(一年級)、重述故事＋部件教學 (二年級)、六何法 (三年級)、自我提問 (四年級)、摘要 (五年級)、詰問作者 (六年級)，並在三到六年級加入理解監控教學。

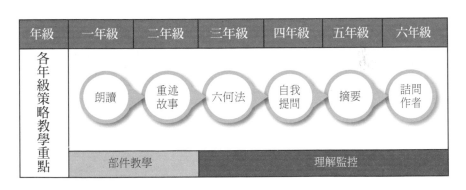

年級	一年級	二年級	三年級	四年級	五年級	六年級
各年級策略教學重點	朗讀	重述故事	六何法	自我提問	摘要	詰問作者
	部件教學		理解監控			

其次，把教學推廣到非社群老師班上。一方面繼續進行教學設計和拍攝教學影片，二方面安排時間請社群成員向同學年老師分享教學，有時還到班上實際授課，讓非社群的老師們更容易上手。

與此同時，更透過社群共同備課的方式，掌握不同文本與策

略之間的適用性，確定該文本的教學點及教學方法，再實地進班上課，以找出學生學習的難點，回到社群討論與回饋。

中正大學連啟舜教授與社群老師進行共備。

柯華葳教授與曾玉村教授入班觀課。

　　有了兩年精實的教學經驗累積，第三年開始，除了原有的閱讀理解策略教學外，興安每年會嘗試加入一個重點，102 學年度加入命題設計、103 學年度加入數位閱讀、104 學年度加入讀寫、105 學年度加入主題閱讀課程、106 學年度至今進行探究式主題課程。每次針對一個重點去落實，老師們就在這一年一次的磨練下，蓄積更多教學能量。

閱讀理解策略教學每年度增加重點

年度	年度增加之重點
102	命題設計
103	數位閱讀
104	讀寫
105	主題閱讀課程
106 至今	探究式主題課程

築樓搭梯，引領學生有效學習

　　教學除了重視老師的「教」，最根本還是在於孩子的「學」，如何協助學生在閱讀理解上能有效的學習，興安有幾個具體實用的方法：

一、讓學習更具操作性：

　　以部件教學為例，老師會製作低年級經常使用到的部件字卡，先從能辨識同部件的字，再認識字的演變，接著提供部件教具，透過小組合作一起學習，鞏固識字學習並增加識字量。又例如因果關係教學時，老師會拆除各意義段，讓學生經由排序體會段落間的因果關係。再如詰問作者教學時，若遇到插敘的寫作手法，老師會故意拿掉插敘的段落，讓學生除了會依內容詰問之外，也能依文章的形式來詰問作者，有時興安還會安排作家實地到校，讓學生有機會將策略派上用場。

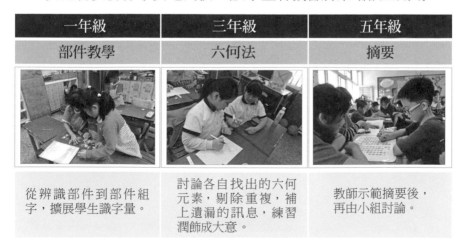

一年級	三年級	五年級
部件教學	六何法	摘要
從辨識部件到部件組字，擴展學生識字量。	討論各自找出的六何元素，剔除重複，補上遺漏的訊息，練習潤飾成大意。	教師示範摘要後，再由小組討論。

二、讓施測結果回饋到教學：

加入閱讀亮點計畫之後，有標準化工具可用來評估學生閱讀能力。針對施測結果，老師們發現孩子大部分的難點是多義詞，因而教學時會針對課文中的多義詞，提供不同情境的句子，讓學生學習時能更深刻。

三、協助慢飛天使：

老師們挑出識字評估表現低於全國平均識字量的學生，使用輔導室補充教材及低年級適讀的繪本，由社群老師及圖書志工於晨光時間陪伴學生一起成長。經過一年的陪伴，孩子從疑似閱讀障礙到能追上其他同學，大大鼓勵了孩子和老師，孩子對老師說「我好愛你哦」的表情，至今令人難忘，也成為繼續努力的動力。此外，為了不讓孩子識字量的學習落差太大，老師們製作語音 QR-code 貼在繪本封面，提供載具讓一年級學習較慢的孩子可以利用晨光及空檔時間，經由同學的朗讀示範，配合繪本文本，進行形音對照，增進識字量。

圖書志工在晨光時間陪伴孩子。

　　一路上老師們跌跌撞撞，雖偶有迷惘，但孩子學會時的神情，讓興安夥伴願意走向下一個里程，互相扶持，彼此提醒勿忘八年前的初衷。

日漸壯大的興安閱讀教學社群。

撰文者簡介

- 黃秀慧　嘉義市興安國小設備組長兼圖書教師，曾任中高年級導師、生教組長，專長閱讀教學。

教學看門道

　　說課時有教師提到，興安教師之間是互相支持的：「我需要你的自然科學腦、體育腦、語文腦……」、「教案是沒有最終版本的」，興安精神就是要讓閱讀策略最終回歸於讓學生能夠解決問題。

　　一年級國語〈綠池白鵝〉的課堂，王思蘋老師教學目標有二：認識代名詞和使用「部件辨識」識字。首先在優美的朗讀聲中複習一遍課文，接著標出自然段，逐段把代名詞「我」、「他」圈出來，貼上彩色標籤，來替換成故事中的角色。後半段，王老師請小朋友從部件出發，拼出「他、她、牠、祂、地、池、馳、拖」等字，再造詞、找出部件組成規則、練習填充詞語。

　　王老師準備可重覆黏貼的標籤紙，是讓學生反覆練習的好工具。讓小朋友討論時，王老師提醒學生：「請你要跟同學聊天，但是要聊的是……。」有方法的幫助一年級學生學習與人討論互動。

王思蘋老師上課時，讓孩子運用「部件辨識」，增加識字量。

＊＊＊

三年級〈曹沖秤大象〉的課堂，重點放在連接詞、閱讀故事的方法，使用「**推論：由文本找支持的理由**」策略來瞭解文本。

黃秀慧老師用圖片展現先後順序，提供連接詞「先、再、接著、最後」，協助學生描述秤大象的步驟。後半段問：「曹沖是怎樣的人？」請學生找出聰明伶俐、有主見、善於觀察、反應靈敏等特質的證據。除了示範清楚、鷹架提供細緻之外，黃老師也不斷追問，讓學生的回答更加具體與深刻。

例如：曹沖「反應靈敏」的證據，在於不單只是能比別人迅速想出好方法，而是能從別人的意見改良成可實施的做法。學生說，做大秤，但人根本舉不起大秤，所以用水和船幫忙「舉」；大象不能切碎分割來秤，所以用碎塊的石頭代替大象。由這些討論的內容，能看出學生細膩的推理。

師生互動掌握學習情境。

**教學文本簡介**

〈綠池白鵝〉一文的作者是林良先生，內容描述綠池裡的大小白鵝，雖然個性不同，但都懂得欣賞對方的優點，懷著善意，主動搭建友誼的橋樑。

〈曹沖秤大象〉敘述曹沖如何解決大象秤重的難題，說明了秤重的方法步驟：把大象放進船裡，記錄水位；牽出大象，在船上堆石塊直到同樣水位；分開秤石頭，加總出大象有多重。

臺南市
文化國小

翻轉「點點表」

從一個策略開始

撰文 / 林秀娟

推動閱讀有事做 ....

(學校實況) 榮獲閱讀磐石獎之後,需要開展閱讀新火花。

(做法)

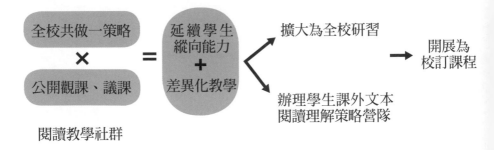

文化國小於 100 年獲得了第一座教育部閱讀磐石獎的肯定,
全校師生沉浸在獲獎的喜悅。但伴隨而來的是,長期以來圖書館
的閱讀活動,已經無法激起新的火花。正苦無對策之際,接觸到
課文本位閱讀理解策略教學,看見了新的轉機。

🔍 點點表橫著看，共做一個策略

104 年文化國小加入閱讀亮點學校的行列，展開了閱讀教育的全新階段。在很短的時間內，召集了一群「志願」的老師 (志同道合且願意嘗試的老師) 加入閱讀教學社群，成員包含一到六年級及科任共 17 位老師。當時全校共有 53 個班，但能快速號召近四分之一的老師自願加入，現在想起來，都覺得不可思議。

根據「閱讀理解策略成分與年級對照表」(俗稱點點表)，詳列了各年級閱讀策略教學的項目與重點，大部分的學校會依照點點表上對應的年級規劃閱讀理解策略，但文化國小接受了臺南大學陳海泓教授的建議：將點點表橫著看，全校先只做一個策略，讓都是新手的社群夥伴能聚焦在同一策略。

於是，第一年全校選定「課文大意」策略。雖然是同一策略，但不同年級卻有不同的教學重點：低年級是「重述故事重點」，中年級是「刪除 / 歸納 / 主題句」，高年級是「以文章結構寫大意」。接著又考量學生的學習經驗與能力，讓中高年級都從「刪除法找大意」開始。這樣的規劃，當時並不覺得有什麼特別之處；但幾年實施下來，逐漸感受到這是相當睿智的做法，後來許多亮點學校也開始仿效呢！

年級	策略	教學要點	策略	教學要點	策略	教學要點	策略	教學要點	
一	課文大意	重述故事重點	自我提問		識字與詞彙、理解監控	形音連結 部件辨識 組字規則 單一詞彙	推論	連結線索 由文本找支持的理由	因果關係
二	課文大意	重述故事重點	自我提問	六何法	識字與詞彙、理解監控	形音連結 部件辨識 組字規則 單一詞彙	推論	連結線索 由文本找支持的理由	因果關係
三	課文大意	刪除／歸納／主題句	自我提問	六何法	識字與詞彙、理解監控	擴展詞彙 由文推詞義 理解監控	推論	連結線索 由文本找支持的理由	因果關係
四	課文大意	刪除／歸納／主題句	自我提問	有層次的提問	識字與詞彙、理解監控	擴展詞彙 由文推詞義 理解監控	推論	連結線索 由文本找支持的理由	找不同觀點
五	課文大意	以文章結構寫大意	自我提問	有層次的提問	識字與詞彙、理解監控	擴展詞彙 由文推詞義 理解監控	推論	連結線索 由文本找支持的理由	找不同觀點
六	課文大意	以文章結構寫大意	自我提問	詰問作者	識字與詞彙、理解監控	擴展詞彙 由文推詞義 理解監控	推論	連結線索 由文本找支持的理由	找不同觀點
	104年起		106年起		107年起		108年起		

橫看點點表：一到六年級做同一策略，依年級而有不同教學要點。

🔍 策略前後銜接，公開觀議課中發酵

　　閱讀教學社群能夠順利運作，其中有個關鍵人物，那就是社群召集人。召集人必須掌握社群的各項運作事項，如研習主題的安排、共備研討、策略教學教案的設計，還包括社群公開觀議課的規劃……等。

　　每個學期閱讀教學社群要辦理一場公開觀議課，邀請社群夥伴入班觀察並進行議課。公開課這個任務常常是乏人問津，經常要靠社群召集人動之以情，四處請託，如果人選難產時，社群召集人常常都成了「著急」人。

　　幸好老師對進班觀課至少是不抗拒的，只是對於觀課後還要議課，卻又避之唯恐不及。

　　為了解決這些問題，文化國小採取的做法是：將每次公開課的教學相片、議課紀錄與回饋，立即分享在閱讀亮點群組，讓公開課「透明化」，不再視為「暗黑巨獸」。接著，每位成員至少要參與同年級的公開課，一方面因為策略及教材是彼此熟悉的，觀課與議課時會比較能進入狀況；另一方面也是為公開課的「苦主」加油打氣。漸漸的，社群夥伴都已能接受並參與公開觀課和議課的活動，如今社群夥伴大部分都成了公開課的教學者，並邀請社群夥伴或校內其他教師入班觀課、議課。

盧明君老師公開觀課，示範理解監控策略。

　　上述任務本來只是個社群運作的「差事」，沒想到運作過程中竟與「全校共做一個策略」的措施起了相乘的效果，這真是始料未及。

　　原來，公開課教學設計時，必須考量學生縱向的策略能力及

學習經驗，亦即瞭解學生的起點行為。例如高年級的孩子在進行「文章結構寫大意」前，應該要具備「刪除／歸納／主題句」的能力，於是高年級老師便會關心中年級的學習狀況，因而自然產生了老師跨年級相互討論的畫面。到了觀課時，大家聚焦學生達成同一個策略學習的狀況，議課時更是熱烈分享彼此從不同角度看見的風景。

六年級的鄭麗香老師到中年級觀課後談到：

「看到四年級學生使用刪除法找出課文大意後，發現原來自己學生在中年級是這樣學習摘要策略的。也才了解到，這些都是中年級的老師為高年級學生奠下的基本功。此外對於班上學習力較弱的學生，應該調整成中年級的教學重點，補強他在前一階段闕漏的能力。」

低年級的王錦華老師入班觀課後也談到：

「看到三年級老師透過六何法帶領學生理解長篇文本後，更是期許自己應該讓二年級的學生將六何法學得更扎實。」

策略教學小組討論實況。

全校選用同一個策略，不僅讓學生縱向能力能夠延續，不同學習階段的老師也可以使用策略中不同的教學重點進行差異化教學。社群夥伴因為有共同「策略」，而有了共同「話題」，談論著不同的「觀點」。

轉型為校訂課程，共學加共好

每當翻開書頁，如同開啟了一扇通往世界的窗。透過閱讀來學習，一直是文化國小的教學核心與使命。因此，如果要再次點燃閱讀的火花，茁壯學生的學習力以及教師的教學力，必得牽起更多雙手。

於是，文化國小開始將閱讀社群的增能擴大為全校性的研習，讓全校老師共同成長。並在暑假辦理課外文本的閱讀理解策略營隊，讓學生可以運用課堂中學習到的閱讀策略，來閱讀一般讀物或數位文本。

林秀娟老師以課外文本實施
閱讀理解策略教學。

　　更進一步，文化國小繼續複製「全校做同一策略」的模式，將閱讀教學社群中系統性的閱讀素養課程，彙整成全校閱讀課程實施的脈絡與理想藍圖，進而成為校訂課程。

　　文化的深耕，終於在 107 年再次榮獲教育部閱讀磐石獎的殊榮。閱讀亮點的光芒彷彿是文化校園中的一道新曙光，引領全校師生，共創嶄新的閱讀共學、共好的新樂園。

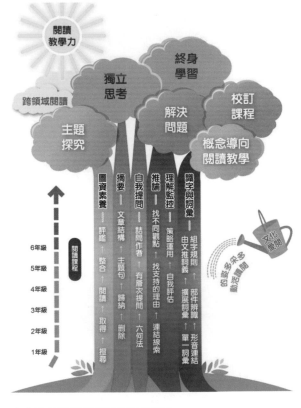

文化國小閱讀課程脈絡與理想藍圖。

撰文者簡介

- 林秀娟　臺南市文化國小教師兼教學組長、108 年國小圖書資訊利用教育課程
綱要及教案設計小組成員、108 年「研發多文本閱讀教學模式暨偏鄉
閱讀教學輔導教師培育計畫」輔導教師、104 年迄今擔任文化國小閱
讀基地學校閱讀社群召集人。

教學看門道

　　文化國小安排閱讀理解策略的方式令人耳目一新，全校使用同一個策略，但每個年級由淺入深，逐年漸漸增加難度。這需要更多時間，也需要透過共同備課才能實施。

　　文化國小附近有許多安親班，據聞安親班老師表達了對閱讀策略的好奇，甚至還會請學生告訴他們某個閱讀策略是什麼。若校內校外能攜手前行，那就太好了呢。

　　這次三年級吳婉容老師教學的文本是〈神筆馬良〉，使用的策略是「**自我提問：六何法**」。課堂流程大約如下：審題→用結構複習文本→介紹六何使用時機、定義→師生共同找出人時地→學生團體討論找出事件→各組抽籤分配六何類型，團體討論提出問題並練習回答→上臺請全班同學回答。

　　吳老師準備教具協助學生，連請學生寫問題紙條的寬度，都是經過設計讓學生容易操作的。教學從審題開始，就可以感覺到學生良好的發表能力。分組討論時，學生會自己分工；遇到問題時，已經瞭解的人會主動向不懂的人說明。學生上臺報告時，不論是開場白、內容與結尾，都報告得不疾不徐，以完整的句子向大家分享。

　　台上一分鐘，台下十年功。分析文化的孩子為什麼能做到這些？答案是：老師會要求。

針對小組的擬題，吳婉容老師帶領全班共同審題。

教學文本簡介

　　〈神筆馬良〉一文改編自洪汛濤先生的作品，故事敘述主人翁馬良運用神筆，把靜止不動的圖畫幻變成真。他畫的鳥能飛、魚可游，他畫出的東西不但幫助了困苦的人，更能捲起大浪，把貪心的皇帝送到小島上，讓人民過著幸福的生活。

三、

跨域經營，突破困境

1 四肢強健，更要頭腦不簡單

從體育教學到閱讀本位

2 兩好三壞，閱讀揮棒！

築夢路上有書相伴

3 如果家長也懂閱讀策略

爸爸媽媽動起來

雲林縣
鎮南國小

四肢強健，更要頭腦不簡單

從體育教學到閱讀本位

撰文 / 張建裕

推動閱讀有事做

學校實況　少子化面臨減班，推動晨讀卡關。

做法

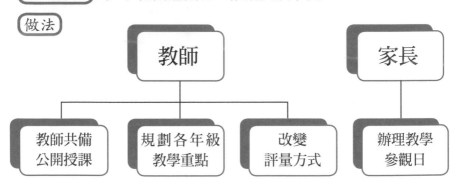

教師			家長
教師共備 公開授課	規劃各年級 教學重點	改變 評量方式	辦理教學 參觀日

　　黝黑的皮膚、俐落的短髮，搭配短褲和排汗衣，標準體育老師的模樣。

　　同一學年的五位男老師，相處久了，除了聲音一樣宏亮之外，外型竟然也有些相近。雖是體育老師，聚在一起討論的話題竟是課堂的閱讀策略，該配合哪些指導語協助學生完成學習任務。看似反差的畫面，其實是鎮南國小的日常。

鎮南國小五位老師合影。

體育名校面臨少子化挑戰

　　一直以來，鎮南國小就與體育畫上等號，體育教學更是學校的核心競爭力，先後拿到教學卓越金質獎、體育績優學校等教育部獎項。受到少子化浪潮影響，從 99 學年度開始，鎮南每年減少 3 個班，等於有 4、5 位老師面臨超額；如何穩定班級數，讓老師安心教學，成為邱慧俐校長到任鎮南的第一場硬仗。

　　思索著，如何在既有的體育教學基礎上，導入新的教育思維，吸引更多的家長認同鎮南教育理念，此為當務之急。討論後有了共識，鎮南團隊擬定了辦學長程目標：穩固體育教學能量，蓄積教師閱讀教學知能，培育動靜皆宜的孩子，共創孩子的金色童年。

晨讀構想出師未捷

　　閱讀教學從何做起呢？鎮南決定從養成學生閱讀習慣開始，「晨讀」應該最容易入手，每週三早上七點四十分開始，寧靜閱讀 20 分鐘。

晨讀時光，寧靜閱讀 20 分鐘。

　　看似單純的晨讀活動，沒想到第一個反對的是運動團隊的指導老師。老師反映，練習的時間已經夠少了，體育專業出身的校長怎麼會做出這樣的決定，壓縮原本就相當有限的訓練時間！

　　沒想到反彈聲浪這麼大，晨讀計畫只好暫時擱置，可見引導組織轉型的確是一件困難的工作。正當大家不知該怎麼做時，國教署的「課文本位閱讀理解計畫」適時出現了。這個計畫以課文為本，不捨近求遠的另外尋覓教材，而是以現行的各版本教科書為文本，配合兒童知能發展指導對應的閱讀策略。這樣的教學主張頗符合教育現場的需求，於是鎮南便加入由中正大學輔導的中區團隊，開啟了翻轉教學的神奇旅程。

引進閱讀策略教學，創造雙贏

　　鎮南利用寒暑假的共同備課以及週三進修時間，邀請學有專

長的講師，帶領全校老師研討課文本位的閱讀理解策略教學。研習重視閱讀理解策略及教學實務分享，以「教師共備」的方式進行，老師透過備課單，清楚的掌握主旨、課文大意、關鍵詞句、重要句型，進而掌握文章結構，對於教學目標的達成有明顯助益。

另一方面，為了讓家長也能瞭解課文本位閱讀理解策略教學的內涵，第一個創舉就是辦理家長參觀教學日，隔年接著實施全校公開觀課，老師開放教室，邀請家長進班參與。兩場的公開觀課，每班吸引了至少三分之一以上的家長出席，家長親身感受課文本位閱讀理解策略教學的內涵，宣導的效果既直接又真實。

透過不斷的研習、精進、共備，閱讀策略教學成為學校老師共同的信念。老師的教學專業不斷精進，辦學方向獲得家長普遍的認同，穩住了班級數，創造了雙贏的局面。於是，過了二年當校長再提出晨讀時光的建議時，便得到老師們一致的肯定。

舉辦家長參觀教學日，讓家長瞭解課文本位閱讀理解策略的教學內涵。

🌸 規劃各年段教學重點，循序漸進

目前鎮南國小閱讀策略教學規劃，低年級以部件教學，擴增識字量為主，中年級聚焦在對文本的摘要跟理解策略，高年級則指導學生進行有層次的提問。有了明確的閱讀教學策略，反覆練習方法及步驟，逐步培養學生對文本的理解力，等學生的能力到位後，老師可以依據實際狀況，再加入其他合適的閱讀策略。

鎮南國小閱讀策略教學規劃表

年級	閱讀策略教學重點	教學目標
低年級	部件教學及六何法	透過部件教學引導，擴充學生識字量。透過六何法，掌握文章中重要的訊息。
中年級	摘要及理解策略	利用刪除、歸納、找主題句的方式，教導學生找出課文各段的段落大意。
高年級	有層次的提問	透過預習單，帶入有層次提問的策略，協助學生有系統的理解文本內容。

為了營造友善的同儕共學氛圍，教務處每學期規劃四場校內教師專業分享，透過一線教師的教學心法交流，可讓其他同仁選擇合適的策略進行仿作，幫助教師體認這樣的教學方式對孩子閱讀理解能力確實有幫助。

🌸 改變評量，教什麼就考什麼

在此同時，學校也意識到評量應跟著改變，於是在評量類型上有了大幅度調整。在識字與詞彙方面，首先以「部件」引導造

詞，取代「部首」的強記背誦；再將國字、注音、改錯等題型，由「語詞式」調整為「短文式」，讓語詞融入文章情境脈絡中。一方面擴充學生的識字量與詞彙，另一方面提升學生在語境中使用合適語詞的判斷力。

一、國字注音（各一分，共十三分）

《翻滾吧！男人》

當年，看起來有點（ㄕㄚˇ）氣的小男孩李智凱，竟然如願獲得了二零一六年里約奧運的門（票）。

李智凱的成功絕非偶然，憑著過人的（ㄑㄧˋ）圖心，忍受身體的（瘦）痛，撐過孤獨練習的苦澀（滋）味，再重的訓練量也不（ㄓㄨˋ）一下（眉）頭，再多的（委）屈，也往肚裡吞，讓人不（禁）讚嘆他堅持夢想的毅力！

鞍馬項目是李智凱的強項，就將地板項目的「湯瑪士迴旋」動作移植到鞍馬，就像在鞍馬上跳街舞一樣，給予觀眾一場（ㄩㄣ）含（ㄩ）樂效果的視覺（ㄒㄧㄤ）（宴）。

二、改錯字（各一分，共七分）

最終，李智凱未能闖入八強，結束驚奇的里約奧運之旅。談到奪牌失利，他言談中沒有太多的憤恨，只說：「這次沒能得到裁判的賞識，下次要更進步！」

打開話甲子的李智凱，其實就是個童心未民的大男孩，活繃亂跳的，自信的展現年輕活力！

眼前的挑戰雖然艱辛，但是他對於體操的堅持是不容小噓的，或許二零二零年東京奧運，將會廷生台灣第一位體操金牌得主，讓我們拭目以待吧！

以運動員李智凱為例，呈現短文式的國字、注音及改錯字題組。

閱讀理解策略方面，除了增加「刪除/歸納/主題句」的題型，評量學生的摘要能力，更加入「看圖寫短文」、符合 TASA（臺灣學生學習成就評量 Taiwan Assessment of Student Achievement）題型的選擇題，以及開放性答案的閱讀測驗，讓學生從文本中找到線索回答問題。

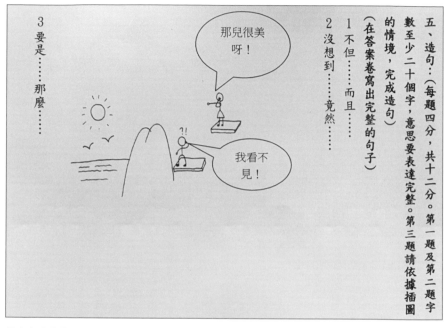

月考加入寫作元素，增加「看圖寫短文」的題型。

敞開心胸，跨域又是好風光

固守本位常會錯失不一樣的風景，敞開心胸才能打開不同方向的窗戶，正如鎮南這群平日穿著短褲，揮汗帶學生跑步練球的老師，一轉身可以分享扎扎實實的閱讀策略教學，這是一種跨域的自信與眼界。

不知不覺的，鎮南的課程已經在既有的體育教學強項上，又加入了閱讀策略教學，培養動靜皆宜的學生不是口號，四肢發達的孩子頭腦更是不簡單。

找出小學六年的關鍵詞～框住童年。

撰文者簡介

• 張建裕　雲林縣鎮南國小高年級導師，擅長體育教學、語文教學、閱讀教學。

教學看門道

在鎮南，不論上下課時間，都讓人覺得很安靜。不是無聲的寂靜，而是一種舒服的沉靜。這樣抽象的感受，請教了學校師長，才知道鎮南每週有兩天從七點四十分開始進行二十分鐘的寧靜晨讀，不指導、不寫學習單，只讓學生專注在閱讀本身；課間打掃時間則播放古典音樂，介紹音樂家。這種氛圍營造的因果關係雖難以量化認定，但感受是真實的存在。

本日五年級全年級上課全部開放，上課中可以進入不同老師的教室裡觀課，教學內容為國語：〈動物的尾巴〉，各班使用的策略有的是「**課文大意：刪除、歸納找主題句**」，有的班級則是「**有層次的提問**」。

劉老師先呈現兩種不同的大意寫法的比較，再提示「刪除」的原則，包括刪除重複的語句、描述的細節、多餘的形容詞；到了整理成段落大意時，也要記得潤飾，必要時把內容加回去。教師示範後，接著師生共作，再讓學生兩兩討論逐段進行。

學生們朗讀優美，討論非常專注，輕聲細語，很認真的完成課堂任務。檢討與回饋時，發現學生把「形容尾巴」

的部分刪除了，老師馬上「接招」，請學生再回扣第一段所提出的重點，即「尾巴各異的外型、功能用途」，這表示「形容尾巴」是本課重點，要學生再想一想，彙整出更好的段落大意。

學生進行「刪除、歸納找主題句」的分組討論。

＊ ＊ ＊

移動至另一個班級，已經進行到需要跨段互相比較的問題：「魟魚、孔雀和蜥蜴的尾巴，面對敵人時有哪些相同與不相同之處？」學生有不同的呈現，有的已經能把歸納的結果，用自己的詞彙說出來。老師不忘提醒同學間可以互相學習之處。

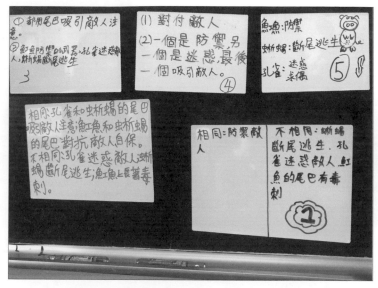

小組討論的結果寫在小白板上，讓後續的班級討論更能聚焦。

　　每一位老師課堂「接招」能力都很厲害，因應學生的發表給予不同的回饋。劉老師說：「答案沒有對錯，只有好與更好！」與其以找錯誤的心態教學，倒不如想著如何讓學生學得更深入！

　　議課時，教師們熱烈討論，教師操作「刪除」策略時常會刪掉形容詞，但這一課剛好需要用形容詞來分辨不同動物的尾巴，反而不適合刪掉。看來，這五位老師必將展開更密切的討論與更精進的教學了。

教學文本簡介

　　〈動物的尾巴〉的作者是馮輝岳先生，說明大部分的動物都有尾巴，形狀各異，功能不同。文中提到的動物有猴子、松鼠、孔雀、魟魚、蜥蜴。

嘉義市
垂楊國小

兩好三壞，閱讀揮棒！

築夢路上有書相伴

撰文 / 程可珍

推動閱讀有事做

(學校實況)　學生靜不下心閱讀，閱讀沒有方法。

(做法)

圖書教師推動	・學生晨讀 ・教師晨會分享閱讀理解策略
種子教師深耕	・學年共備 ・提供觀課
評量重點改變	・班親會與家長溝通 ・以閱讀理解為核心的命題

如果你喜歡棒球，你一定要了解 KANO；

如果你聽過 KANO，那你一定要知道垂楊！

垂楊是培育棒球臺灣之光的搖籃，就像林暉盛一樣！

林暉盛 2019 年加盟美國職棒洛杉磯道奇隊，簽約金 35 萬美元上下，另有學費補助！

消息傳回垂楊，老師開心的，不只是為臺灣爭光，更多的是堅持與肯定推動閱讀的信念。

國小高年級時，暉盛成為 IBA 世界軟式少棒中華代表隊，坐冷板凳的經驗，第一次讓他想打退堂鼓；國中時，因為被球隊學長欺負，可怕的言語霸凌更讓他動念要退出球隊。面對充滿挑戰的棒球路，教室裡的人物傳記讀物與學校聘請的運動作家分享，成了暉盛面對挑戰的支柱。

在垂楊，這樣的學生不少，支持孩子持續下去的動力，是靜下心閱讀。閱讀，不只用來學習，更讓孩子在挫折時獲得療癒。從棒球名校到加入閱讀元素，這樣的轉變，來自老師的自覺。

為孩子打造友善的閱讀空間

垂楊有一群愛看書的老師。七年前，一份計畫，讓垂楊成為教育部圖書館閱讀推動教師的試辦學校。晨間的安靜閱讀、配合節慶的主題閱讀、圖書室寶可夢尋寶、校慶時的書寶寶找新家等

等，一系列豐富有趣的閱讀活動，讓「聊書」漸漸成為垂楊師生的習慣，也讓專攻棒球的孩子願意打開書，在文字間靜心思考。

晨間的安靜閱讀，開啟學生課文外的視野。

　　當課外讀物使用率提升後，共同讀書的需求及圖書館改建是垂楊的下一步。我們主動參訪臺北美國學校、康橋學校、明德國小……等北部著名的校園圖書館，接著聘請設計師繪製在地化的設計圖，提案並獲得補助。重新改建的圖書館由學生命名，分別有中高年級專屬的「蛙愛讀冊夢想館」、有運用閒置空間，另闢專屬幼稚園及低年級的「鯨愛讀冊繪本館」，還有校舍轉角的「漂書站」。

閱讀由量大到質升

　　環境蛻變的同時，老師們從評量中發現，學生的閱讀沒有方法，提升了閱讀的量後，更需要具備閱讀的技巧，才能深入學習新知。於是，老師們成立社群，加入了教育部區域人才中心培育計畫，在教授專家的陪伴下，走上一條扎實、艱辛且有點孤獨的練功路。

　　一開始，學校的圖推教師只要在研習中學到任何新知，就會利用教師晨會後，分享一個閱讀策略的理論、教學方法或實例，每次 20 分鐘，時間不長，老師都在場，涓滴成河。

　　一年下來，除了找到願意一起努力的夥伴，更說服大家，以「閱讀，用點心」作為垂楊 101 至 103 學年度的特色深耕課程，希望老師在閱讀教學用點心，提升閱讀策略教學的設計與引導能力；而學生，能在老師教學指導下，因為讀好讀懂而感到滿足。

閱讀這件事，成為垂楊每天的點心，輕鬆且愉悅。

　　為了達成這樣的目標，垂楊培養閱讀種子教師，這些種子教師具備專業與熱忱，負責在學年共備時，帶領大家討論、分享教學經驗，並開放課堂讓老師觀課，甚至統整共備時遇到的困難與問題，在社群時間與教授專家討論中想方設法解決。

行動學習，走出戶外的數位閱讀。

由質升到評量改變

　　一年後，我們發現，如果評量不改變，很難檢核老師們在教學調整後學生的學習成效；更重要的，因為減少抄寫背誦等練習的時間，如果以記誦為主的評量不跟著改變，現實的考試分數，將會打擊老師們改變的信心。

　　所以，「評量再造」成為垂楊必須走的路。我們在清華大學陳明蕾教授及游婷雅教授的帶領下，從了解、比較命題方式開始，先針對閱讀測驗的題目做改變；接著嘗試在閱讀測驗外，其他的題型中也做閱讀理解的命題。這樣的改變需要循序漸近，透過行政文宣及級任教師班親會面對面溝通，取得家長的認同，也獲得好評。

　　評量的改變讓我們發現，過去的分數並不能完全代表孩子的思考力，有些在傳統評量時成績不佳的孩子，可以在理解題目中獲得分數，這讓孩子們更願意動腦想，用心的回答問題。.

　　「不要用過去老師教我們的方法，教現在的學生，面對未來的世界。」這不是口號，而是學生該享有的基本人權，更是專業教師該有的思維。由於有這樣的想法，垂楊積極跟隨國內專家，從臺灣孩子參加國際測驗的分析中，發現孩子們學習的需求，不斷翻轉教學，期待在老師們的用心耕耘中，「閱讀」真能內化成孩子的原力，讓孩子在逐夢的路上，有方法有勇氣面對各式各樣的挑戰與挫折，就像林暉盛一樣。

八、閱讀測驗題：(每格 2 分，共 13 分)

美麗又奇妙的珊瑚

海洋下雪了？——

哇！海裡像下雪一樣，漂浮著一片片美麗的雪花。原來這是珊瑚每年在春天，產下一粒粒像粉圓的「卵」呀！

珊瑚大解密

珊瑚究竟是什麼呢？珊瑚是由小小的珊瑚蟲一起組成的。

小，還會伸出細長的觸手，底部緊緊附著在礁石上。雖然模樣像朵小花，卻是不折不扣的小動物。

珊瑚蟲產下的受精的珊瑚卵會孵化成幼蟲，在海中漂浮遊游，直到遇上堅硬的岩石才會附著上去，開始長成珊瑚蟲。

珊瑚蟲會越長越多，並且分泌碳酸鈣，形成相連的骨骼，骨骼不斷累積，就會形成珊瑚骨骼。加上細小的泥沙、藻類和貝類等協助，才能形成大片的珊瑚礁。

海洋的熱帶雨林

珊瑚礁上的珊瑚種類很多，不但形狀不一樣，還有許多美麗的顏色。它們不僅能提供好幾百萬種海洋生物居住的地方，不僅能提供各種房間給海，也提供豐富的食物，讓大型魚類飽餐一頓。這裡的生物種類繁多，所以有海洋的熱帶雨林的稱呼。

珊瑚的危機

這片海洋雨林非常敏感，因為珊瑚蟲要有充足的陽光、適當的海水溫度和鹽度，才可以長得健康。但現在因地球暖化使海水溫度上升，再加上工

廠排放廢水，還有隨便丟棄的垃圾和大量堆積的泥沙，使得珊瑚生病、死亡。其他生物也會失去他們的家園，所以我們要好好愛護海洋。

──改寫自《未來兒童》

小視窗

不只有卵

除了已卵的方式……

1. (　　) 選出珊瑚的生長歷程？
① 卵→珊瑚蟲
② 卵→幼蟲→珊瑚蟲→珊瑚礁
③ 珊瑚礁→珊瑚蟲→卵→幼蟲→珊瑚
④ 珊瑚蟲→幼蟲→卵→珊瑚礁→珊瑚

2. 下列哪些敘述是正確的，請打勾。(每格 1 分，共 5 分)
□ 文章中提到，海洋裡所看到的「雪」指的是珊瑚蟲。
□ 珊瑚只能以產卵的方式繁衍下一代。
□ 珊瑚適合生長在陰暗的深海中。
□ 珊瑚會在春天產卵。
□ 地球暖化和海水汙染會使得珊瑚死亡。

3. 如果你是魚兒，請你寫出兩個選擇住在珊瑚礁的理由。(每題 2 分，共 4 分)
答：①
②

4. (　　) 如果想要直接知道為什麼要保護珊瑚，可以直接閱讀哪一個自然段呢？① 海洋下雪了？② 珊瑚大解密 ③ 海洋的熱帶雨林 ④ 珊瑚的危機。

「評量再造」後的閱讀測驗題目範例。

撰文者簡介

• 程可珍　嘉義市垂楊國小教學組長。目前在國立清華大學進修博士，專長是閱讀教育，熱愛與孩子聊書。

教學看門道

108/05/30

　　這天來到五年級的課堂，文本是「閱讀樂園」中林良先生的〈我會飛〉，使用「**推論策略**」。

　　洪伶宜老師先從標題出發，探討「飛」、「會飛」、「我會飛」的內涵。學生提出飛機和鳥會飛，但兩者有什麼不同呢？「我會飛」的「我」，是哪一個角度的我？誰能說出「我會飛」這句話呢？透過這些問句引導，學生馬上可以抓到訊息：是鳥、是「在人的想像中」。

　　接下來，教師提點做筆記的方法，設計記號並討論記號代表的意義，讓學生安靜閱讀三分鐘，然後讓學生兩兩分享有趣的地方、討論疑惑的部分；學生在這個階段發揮了同儕相互學習的效果，互相解決各種疑問和不會的字詞。

小組討論課堂中的思考與表達。

　　閱讀過文章之後，接著要用線索讀出趣味。洪老師一步步提問，邀請學生更深入的思考：

★林良先生不會飛？課文哪裡告訴你這個訊息的？這句話如何告訴你林良先生不會飛？

★林良先生會飛？課文哪裡告訴你這個訊息的？林良先生的會飛與「鳥會飛」有什麼不同？是什麼原因讓林良先生能飛？

★飛行有幾次？

★每一次飛行中，哪些是意志力、願望與決心（飛行的動力）呢？課文是怎麼說的呢？

　　最後回到想像力的探討，以奶油獅：「想像力就是你的超能力」，與愛因斯坦：「邏輯會把你從 A 帶到 B，想像力能帶你去任何地方」這幾句話，與課文互相對照，去思考想像力與我們生活的關係。

　　原來想像力不是無憑無據，而是從生活中延伸出來的，而且，借助了一點風力。

教學文本簡介

　　〈我會飛〉一文的作者是林良先生，描述作者化身會飛的人，飛到大衣櫥上面一探櫃頂的祕密，飛到大帆船的瞭望台跟人捉迷藏；又傍著高鐵飛行，跟高鐵賽跑；還飛到尼加拉瀑布，乘著漂流木隨著狂瀉的河水從峭壁下墜……，最後墜落到柔軟的床上。

臺南市
松林國小

如果家長也懂閱讀策略

爸爸媽媽動起來

撰文 / 張志全

推動閱讀有事做 ....

（學校實況） 位處偏鄉社區資源不足，教師流動頻繁，學生有書
不一定讀得懂。

（做法）

學校有方向	融入各領域 + 結合校本課程 + 主題統整		

家長拉進來	察覺 專欄介紹 + 讀書會共讀 + 班親會介紹 + 加入作業	學習 工作坊 + 親職座談 + 文宣	合作 教師諮詢支援 + 親師協同

教育的旅途中，總有許多的如果，這些如果的背後，是一個
機會，也可能是一個希望。

如果，閱讀很重要，是不是越多人關心越好？

如果，家長可以協同老師推動閱讀，是不是更棒？

偏鄉推動閱讀的哀愁

少子化，一直是臺灣偏鄉典型的困境。少子化的背後潛藏與延伸著許多社會的問題，如社經弱勢、文化不利、人口老化、農村發展停滯、家庭功能不彰等。103 年，位處臺南曾文溪畔的偏鄉小校——松林國小，嚴重的少子化讓學校面臨生存的危機。學區沒有公車直達，沒有商店，更沒有書局，對偏鄉孩子來說，閱讀一開始就處於資源劣勢。家庭功能的不足、閱讀環境的困窘、教師流動頻繁與教學能力的差異……等，讓孩子閱讀的發展與學習表現產生嚴重落差。

多年來，政府與民間企業雖然陸續投入許多資源，想喚起更多人關注閱讀，然而對家長而言，即使知道閱讀是重要的事，但不代表會採取行動；有心投入閱讀的家長，卻不知方法何在。處在偏鄉，像這樣的挑戰，可說是學校無可迴避的責任。

不論是教師還是家長，在推動閱讀教育的現場，若沒有閱讀策略的導入，還是可能造成「有書不一定會讀，讀過不一定讀懂，讀懂不一定會用」的困境。因此，在閱讀教育的整體脈絡中，親師合作協助孩子習得「閱讀理解策略」，將是其中的關鍵。

加入亮點學校，閱讀的願景更宏遠

面對偏鄉困境，曾經榮獲二座教育部閱讀磐石獎的松林團隊，總是不斷的反思與精進，近幾年來，松林加入教育部閱讀亮

點學校，將閱讀策略融入各領域的學習，也結合校本課程的設計，在主題統整學習中整合閱讀策略運用，培育孩子的閱讀素養，除了讀懂文本，更能認識生活、理解世界，讓孩子愛閱、能讀、活用，成為能自主學習的主人。

專業增能－社群共學

閱讀教學20堂課－每月一次社群會議

主題1：識字教學策略：字音連結、部件辨識、組字規則
主題2：朗讀教學、閱讀流暢性提升策略
主題3：詞彙教學策略：單一辭義、擴展詞彙、由文推辭義
主題4：預測策略
主題5：課文大意－重述故事
主題6：課文大意－刪除歸納主題句
主題7：課文大意－以文章結構寫大意
主題8：推論－連結線索、連結文本因果關係
主題9：推論－由文本找支持的理由、找反證
主題10：自我提問－六何法、有層次提問、詰問作者

社群共學閱讀策略，讓教學更加專業精進。

把家長拉進來，一起學策略

閱讀推動要有成效，除了從教師專業出發，更需要社區家庭的共同投入。然而，親師如何攜手，才能提升閱讀的層次，松林有具體的步驟：

首先，學校辦理一系列閱讀活動。包括在校刊的「閱讀教育專欄」介紹閱讀策略，在家長讀書會中共讀與閱讀理解策略相關的書籍，教師也在班親會介紹閱讀理解策略教學如何實踐，甚至把閱讀策略的運用逐步放入回家作業，評量設計也加入這類題型……。這些行動，促使更多家長覺察「它」的存在，進而產生

好奇心：

「咦！這是怎麼回事？我來了解一下！」

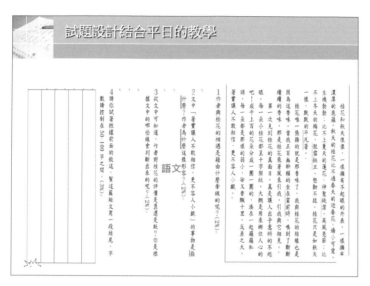

評量設計一同跟進閱讀策略教學。

家長們共學閱讀理解策略，求知的心一點也不輸小朋友們。

接著，松林開始辦理家長閱讀理解工作坊，不但印製宣傳與學習手冊，還舉行親師座談，宣導學習與評量趨勢，讓家長感受到閱讀理解策略的重要性，體會這對自己和對孩子的學習有切身的必要，激發家長願意進一步學習的動機：

「這對孩子未來很重要，對我自己也有幫助，我來學學看！」

每月校刊分享一篇親子教養和閱讀小文，親師溝通教育新觀念。

與您共讀的小日子

松林家長閱讀專業工作坊

105.10.18
學習趨勢—閱讀理解
105.11.16
識字學習策略、朗讀流暢性
105.12.04
單一詞彙、擴展詞彙、
上下文推詞義

106.01.06
預測、大意教學策略
106.04.07-推論策略
106.05.12-自我提問策略
106.06.02-理解監控

為家長辦理閱讀專業成長工作坊，幫助家長深度了解閱讀策略的運用方法。

家長在學習、試行、體驗與感受的過程，教師會從旁擔任諮詢支援的角色，讓家長相信自己也有學習閱讀策略的能力，進而更加肯定自己為人父母的價值，獲得內心的滿足和成就感。

「孩子，你看！老師會的，阿爸也會哦！」

「能和老師一起合作，幫助自己的孩子，感覺真好！」

享受共學閱讀的美好，親師攜手一起向前行。

親師攜手，心，一點也不偏鄉

閱讀對孩子來說，不能只是翻翻書，若有大人的陪伴加上有策略的引導，才能幫助孩子從愛閱，逐步邁向讀懂、活用的階段，成為一個能主動擷取知識，思辨分析和整合活用的終身學習者。

松林加入教育部閱讀亮點學校大家庭後，在課堂中指導閱讀策略，過程中雖艱辛，卻也有許多堅持後看見的希望和喜樂。肯

定學校的家長變多了，學生數也從 42 人躍升為 115 人；學生更有自信，各項比賽獲獎連連。

這些除了學校團隊的努力，一部份也要歸功於將閱讀觸角伸入家庭的策略。松林積極鼓勵家長營造家庭的閱讀空間，培養孩子閱讀習慣，也將常用的閱讀策略步驟化、簡易化，適時介紹給家長，此舉贏得家長的肯定，也讓家長更加佩服老師的專業；且家長也可以協同老師支持孩子的學習，所學直接回饋在自己孩子身上，創造出親師生共好三贏的效益。

我們雖位處偏鄉，但是我們的心一點也不偏鄉，親師攜手合作，松林的孩子真有福氣。

營造閱讀特色空間美學，處處是驚喜與感動。

營造人人熱愛閱讀的氛圍，處處是閱讀的風景。

撰文者簡介

- 張志全　臺南市松林國小校長。曾任教師、組長、主任、教育部閱讀推手，專長
　　　　　為閱讀、學習扶助。

教學看門道

108/05/30

　　松林國小四年級汪佩瑩老師，使用「**推論：由文本找支持的理由**」策略來討論文本〈愛心樹〉。汪老師這一堂課著重在「愛心是什麼？」、「有愛心的人有什麼特質？」老師設計了一個表格，請學生找出大樹與小男孩的情緒變化。學生分配工作，有的組別是輪流回答、有的組別是一同將表格完成，大家都非常認真，無一不埋頭在字裡行間，試著從文本中找出答案。

汪佩瑩老師以〈愛心樹〉設計閱讀策略表單：

時間	主要情節	大樹心情變化	男孩心情變化
童年男孩	樹下玩	開心、幸福	開心
少年男孩	（　）賣錢	盼望→（　） →【　　】	難過→（　）
成年男孩	（　）蓋（　）	掛念→（　） →【　　】	淡然→（　）
（　）男孩	（　）造（　）	關心→無奈 →【　　】	失意→滿足
（　）男孩	（　）休息	牽掛→（　） →【　　】	無力→（　）

＊＊＊

三年級教學的課文是〈謝謝土地公〉，黃鈺婷老師使用的策略是「**推論：連結文本的因果關係**」。由於這一課幾乎都是對話，學生重要的任務是將對話轉換成敘述，從中瞭解到底發生了什麼事情；找出事件，再找出事件的關係，最後引出「因果關係」。

黃老師不論是放聲思考的示範、分組方式、任務交代、揭示教學目標及這堂課的總結都非常清楚。最厲害的是黃老師像是有預知能力般，精準預測了學生可能遇到的問題，拿出早先準備好的鷹架給予協助。另一方面，學生討論非常熱烈，雖然學校自謙說這裡是偏鄉，但學生的回答可一點都不偏鄉！

＊＊＊

張志全校長說：「策略成分表（俗稱點點表）是個理論基礎，而我是個橋梁，我的任務就是把這個東西推出去。」對學生的補救教學、對家長的讀書會、讓每位老師動起來、跨校的社群、縣市的研習……，各種做法不勝枚舉。

　　若要說是橋，那麼這是一座飄著獨一無二胡麻香的大橋呢！（胡麻是學校該社區物產。）

📖 教學文本簡介

　　〈愛心樹〉一文的作者是謝爾‧希爾弗斯坦先生，故事說著一棵大樹總是給予男孩各種所需，且不要求回報，甚至被男孩整棵砍倒，也沒有絲毫怨言，最後男孩事業無成，僅剩木樁的大樹也依然讓男孩有個可坐下來休息的地方。

　　〈謝謝土地公〉作者為鄭如晴先生，故事提到一對好朋友，先後向土地公祈求山楂糕、拐杖都應驗了，其中的祕密是……，真正的土地公又是誰呢？

四、偏鄉小校，翻轉人生

1 高粱田裡的風

　　兩百分之一的公開課

2 山與海均無法阻隔

　　一個策略帶來一串故事

3 縱谷閱讀老鼠會

　　教學最佳的後盾

高粱田裡的風

兩百分之一的公開課

撰文 / 謝茹稜

推動閱讀有事做 ··

學校實況 學生聽不出弦外之音，閱讀不夠理解，教師想突破
教學困境。

做法

共備	・檢視自己 ・互相扶持
公開課	・說、觀、議課
評量	・學生理解成績提升 ・教室張貼學生理解成果

夏日的陽光融化了柏油路，陣陣熱氣襲來，讓人想逃；學校
旁的高粱田裡吹來陣陣南風，衣服黏膩在身上，著實令人不舒服；
空氣中瀰漫著一股焦躁、昏昏欲睡的氣息，彷彿陷入漩渦中。

🌸 迷失的理解

「唉！前幾課才教的生字，現在就寄快捷還我了！」

「每一個語詞都要解釋，馬上就期中考了，課都上不完，活動又多，每次都在拼命趕課。」

「真是傷腦筋，請學生寫作文，交出來的文章不到兩頁；請他們寫課文大意卻像寫文章——落落長。」

「問學生這段說什麼，他們的回答幾乎都是從這一段的第一個字念到最後一個字。」

「送相簿給國中畢業的姪女，裡頭有段文字：『願這本相簿裝滿妳精彩的人生回憶。』姪女看了問：『姑姑，這相簿到底要放什麼？』」

以上這些對話顯示出老師們的憂心忡忡，擔心孩子看不懂文章想表達的意思、聽不懂弦外之音，與人交談時，悲慘的扮演「句號」角色——結束話題，影響人際關係。更別說，希望孩子領略閱讀的美好、藉由閱讀提高視野、透過閱讀理解人生。

假如閱讀不能理解，這些都是奢求。

🌸 希望突破困境的渴望

「是不是我的教學方法有問題？我們要怎麼教，學生才學得會呢？有沒有什麼方法，可以讓老師不用一直重複教同樣的事情？我們要怎麼樣才會更好？」

　　南風薰得讓人難受、煩躁，還帶來霧季，就像這些散不開的話題。

　　何浦找到「課文本位閱讀理解教學」的解方。

　　這個計畫整理了各年級的教學重點，藉由學生都有的課本教「閱讀策略」，讓學生學會「方法」；剛開始教學當然耗時，但學生漸漸熟悉後，可以大幅縮減教學時間；更重要的是，學生可以類比，看得懂不曾讀過的文章，如同，我們不知道明天會收到什麼公文，但我們不擔心看不懂。

　　老師無法隨時在學生身旁教導，所以，學生得運用學會的閱讀策略來幫助理解文本。清大陳明蕾教授說：

　　「教室內人手一本的教科書，是學生發展多文本閱讀的公平起點。」

　　這是多麼令人感動、有力量的話；更吸引人的是，有輔導教師到校輔導，可以幫助老師有信心的走下去。因此，何浦老師加入了此計畫，大家一起努力，共同備課互相切磋、找盲點求進步。

公開課後，輔導老師與共備小組一起議課，讓更好的教學成為可能。

改變研習的樣貌

　　以往的研習多半由主辦單位決定好主題，但此計畫是全由老師決定想加強哪些專業領域，自己聘請講師、自己開辦研習，這對老師的思維是有些衝擊的。

　　有些老師認為，就是因為「不知該如何教」才加入此計畫，以為可以學習一套嚴謹的 SOP 教學流程。有些老師認為自己「多少都有教學經驗」，只要補強不足的部分即可。

　　其實在這過程得主動檢視自己，缺什麼、要什麼？教學是門藝術，每個班級的特質不盡相同，與不同的老師互動也會擦出不同的火花，教案建議的教學流程或許可以參考，但在共備的過程分析文本、分享教學經驗、為了達成教學目標不斷討論、修訂，才更能因應不同的學生特質，找出符合現場的需求。即使卡住了、撞牆了，休息一下，還是得繼續。

　　南風天攀爬一座山，已經又累又渴了還迷路，可以體會又急又煩的心情，此時總希望有明燈直接指引，少走冤枉路；但這條路只要有正確方向，老師慢慢調整、修正，同儕互相扶助，再與專家學者深度對話，最後終於攻頂的成就感則難以言喻。這也是共備互學的意義所在。

迎接公開課的挑戰

　　剛開始，老師們的確在摸索中，目標也不是很清晰。隨著暑

假辦理初階、進階研習，輔導老師利用週三下午和學期初共備時間，引導大家實作，也嘗試結合寫作。漸漸的，老師也開始分享本學期教學重點，同儕夥伴給予回饋，點點滴滴逐步增強教學效能。終於，東北季風吹散了一室的悶熱，吹散了霧季，帶來清涼！

何浦老師重視備課更甚於撰寫教案，若為了爬梳教學流程而寫教案，那當然無可厚非；若覺得需要多些討論，在時間有限的情況下，寫不寫教案就變得其次。尤其，何浦是小校小班，各種活動無一可免，在忙碌異常的情形下，老師還願意加入此計畫，靠的就是熱情，還有專業成長的企圖心、成就學生的使命感，因此，無謂的負擔能免則免。

為了相互觀摩，何浦一學期有二次公開說、觀、議課，輔導老師和沒課的老師皆可入班觀課。授課老師有壓力、有焦慮嗎？

「早在好幾星期前就夜不成眠了！」

「後悔加入計畫嗎？」

「當然，公開課前一晚更是後悔到最高點！」

「那麼，為什麼還繼續參加？」

「一則已誤上賊船（哈），再則聽了輔導老師、觀課老師提供意見後，又想再試試看！」。

可愛的何浦老師，當然也會脆弱、也想取暖，但為了孩子，勉強自己成長。放棄，或許是選項，但如果連老師都放棄了，那又要如何要求學生努力呢？

　　樂觀的想，假設每位老師一週有 15 節課，20 週就有 300 節，扣掉月考、放假和各項活動，以一學期 200 節課好了，1 節公開課其實只占了整學期的兩百分之一。這樣一想，壓力是不是小一些了呢？

公開課不是為了「表演」而上課，而是為了如何讓學生更好，老師承擔焦慮、壓力，只盼多些輔導老師與共備小組的慧眼，協助找盲點、尋突破。

課堂的風景正在改變

　　何浦師長從測驗評比中發現，學生的詞彙成績較弱，理解成績則大致優於全國平均值，這個結果增加了老師教學的信心，也知道教學調整的方向。閱讀理解沒有標準答案，除了表達自己的看法也得傾聽他人的意見；教學過程中，老師也要接納初期的「費

時」、「學生表現不如預期」、「呈現內容不完整」等問題。師生在過程中都要學會「允許」，允許雙方在跌撞中成長；學會「互信」，營造一個安全友善的討論氛圍！

如今，何浦教室布置張貼的不再只是制式的生字表，也多了各組學生發表的段落大意、課文大意；老師的提問不再只是直接由文章中找出答案，也會提出有深度的問題，讓學生由文章線索思考人物的性格、探討文句中隱含的意義。老師說的不一定是最好的，師生可以互相學習、彼此激盪，接納多元想法。

學生上台發表，老師唯有扎實的共備，方能見招拆招，適時提供鷹架引導。

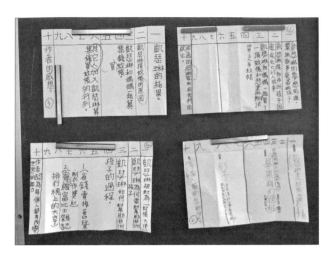

教室布置，張貼的不再只是制式的生字表，也多了學生發表的段落大意、課文大意。

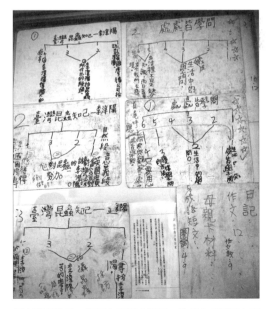

課文不再只是一個個文字組合而已，這些文字賦予文章生命，也串聯起師生的生命篇章。

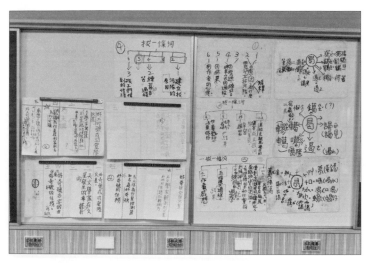

各組討論的段落大意、課文大意，學生們可以互相觀摩、學習、欣賞，人人皆老師。

　　教學不再是一言堂，師生出招、接招，更具挑戰性，而這些唯有透過扎實的共備，方能從容。課堂風景的改變，成績有所成長，徐徐清風，吹拂著何浦！

　　何浦的輔導老師不斷勸勉大家：

「不要奢求一節課 40 分鐘的教學完全改變，改變 5 分鐘就好，若教學還無法改變，觀念改變就好。」

　　準備好了再做，那一天永遠不會到來；開始做了，才有可能調整，才有可能更好。何浦一路走來，不斷碰撞調整，正往更好的方向前進！風，一直都沒停過，雖然無法操控溼熱的南風或凜冽的東北季風，但可以化作春風，拂過一畝畝開滿花朵的心田。

撰文者簡介

• 謝茹稜　金門縣何浦國小特教老師，何浦國小閱讀亮點團隊老師。

教學看門道

108/05/21

五年級國語課〈果真如此嗎？〉，林家宏老師使用的策略是「**刪除 / 歸納 / 主題句、以文章結構寫大意**」，老師先讀課文，再示範「歸納」。

接著使用學習單，老師示範第一段進行方式，說明刪除的原因後，請學生完成其他段落的自然段大意，再歸納成意義段。

老師提醒寫大意的原則不是越短越好。某個句子短之所以較佳，是因其「簡練且包含重點」。

***

四年級國語課〈小小鴿子要回家〉，朱惠姬老師使用的策略為「**文章結構寫大意**」。老師提出課本中「疑問、探究、發現」的架構，期待學生更容易理解。

朱老師把架構加以細分：「整課討論的主要問題→具體的疑問有哪些？→探究：設計實驗、做實驗→實驗的結果→從實驗結果中發現的現象。」先師生共作，再讓學生小組討論，完成表格。同時，介紹課文中「小標題」的位置與功能。

討論時，學生都能說出各個表格的內容，老師也不斷

確認學生是從文本裡得知的，當學生發現自己組別的回答未盡善時，也能馬上調整。

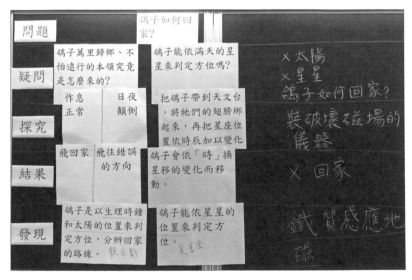

學生學習建立知識架構、統整資訊，也類比用到其他科目的學習上。

＊＊＊

三年級許慈芳老師選擇了「多文本」，單元主題是「心情組曲」，共包含三課：〈我要給風加上顏色〉、〈黃金葛〉、〈最後的決定〉，要探討各課與單元主題的關係，提問：「什麼叫做心情？」並運用「**由文本找支持的理由**」策略。

1. 什麼叫做心情？

2. 從課本中找出有關心情的語句，說說看是什麼心情？

3. 從學生發表的詞彙中，歸納哪些詞有類似的心情。（近義詞：愉悅、開心、喜悅、高興、快樂、愉快。）

4. 回頭想想，用句子檢查，判斷詞彙是不是心情的語詞。

   我今天很（　　），因為（　　）。我今天覺得很（　　）。

　　學生討論非常精彩，能體會不同的心情程度，例如高興／雀躍，哪一個比較高興？高興到跳起來，是不是感到非常高興呢？另外，是從對話動作表現支持該心情的理由，還是作者直接的形容呢？

　　班上有幾位同學比其他人多知道「無奈」、「自責」等抽象的語詞，他們也用自己的話向同學介紹。例如：無奈是「想知道卻沒有辦法」，「想知道」有著好奇的心情，但「想知道卻沒有辦法」，就是無奈了！

藉由合作學習，老師到各組指導，根據個別差異給予鷹架，實施差異化教學。

＊＊＊

特教的課程是〈巨人的花園〉，文本屬故事體，使用策略是「**連結文本的因果關係**」，謝茹稜老師將每個句子設計相應的圖卡，可能是關鍵的人物、地點等畫面，閱讀過課文之後，請學生看圖來試著說出故事。接著老師示範生活中因果關係的句子：「因為我生病了，所以不能去上學。」再回到課文，探討句子的因果，如「因為巨人去拜訪朋友，所以不在家。」、「因為巨人不在家，所以孩子溜進花園裡遊玩。」請學生加入連接詞練習。

特教更是看重使用工作分析法。一節課一個新重點，如使用熟悉的教材學習「新的」因果關係，以不同的活動來練習同樣的內涵，隨時緊扣具體的生活經驗，需要老師特別設計情境，讓學生更容易達成老師給予的任務。

課堂上不再是老師的一言堂、單純的授與受，而是師生皆有授（受）課責任，在「允許」、「互信」中彼此接軌。

📖 教學文本簡介

〈果真如此嗎？〉一文說明我們應秉持懷疑的態度和實證的精神，探求事物的真相。如：熊的攻擊、天圓地方、腐草化螢、羔羊跪乳等是否為真。

〈小小鴿子要回家〉選錄曾志朗先生的著作，說明如何用科學的方法找出鴿子返鄉的能力。

多文本單元名稱是「心情組曲」，包括了〈我要給風加上顏色〉、〈黃金葛〉、〈最後的決定〉三課，著墨在心情變化，分別是想像風的色彩情緒；種植黃金葛時，植物的健康與照顧者的心情；考慮要不要抓生態池裡蝌蚪時的心情。

〈巨人的花園〉一文的作者是奧斯卡・王爾德，敘述有個美麗花園是孩子的快樂天堂，但這個花園的巨人主人，把小孩全部趕走，結果花園變得一片死寂。後來，小孩子偷偷鑽進去玩，帶來了春天，巨人這才明白了，於是拆掉圍牆，讓花園更美麗。

山與海均無法阻隔

一個策略帶來一串故事

撰文 / 林妗鎂、林淑君、陳玟玲、陳姿君、
黃素娟、鄭菊元、蔡依君

推動閱讀有事做

學校實況　小校小班，誰跟我一起備課呢？

做法

時：星期五下午	教師跨校自願加入社群	工作坊磨練教學功力	地：宜蘭教師研習中心
人：山上海邊的教師與學生	分享學生的改變	找到教育的價值	事：共備

如果老師對自己的工作都沒有夢想，怎麼教學生面對未來？

如果老師每天庸庸碌碌的活著，怎麼教學生活出精彩？

如果老師沒有中心價值理念，怎麼教學生勇敢走出自己的路？

7 所學校 7 位老師

這是山海都無法阻隔的教師共備社群，她們在教育現場的故事，還在發酵中……

宜蘭閱讀策略教師社群成立於 104 年初，迄今 (108 年) 運作已有四年半，成員共 7 人，均為自願加入。大家從互不相識，到現在成為工作上與生活上的好朋友，一起報名研習、彼此觀課，甚至下班後一起上瑜珈、打網球，她們是：湖山國小陳玟玲、凱旋國小陳姿君、新生國小蔡依君、梗枋國小鄭菊元、過嶺國小林妗鎂、四結國小黃素娟和寒溪國小林淑君。

星期五下午共備時間大家於宜蘭教師研習中心聚會，分享教學酸甜苦辣的點點滴滴，一走進門最常聽到：「啊！對不起我遲到了！」、「我們班小孩吃飯吃太慢了」、「訂正不完的作業，真是累死了！」抱怨完生活中的瑣事後，大家才又七嘴八舌的分享，閱讀策略在自己和孩子身上的改變。

美味下午茶讓心緊密。

活用策略腦力激盪。

刪除策略讓小孩「長話短說」

回想第一次指導「刪除 / 歸納 / 主題句」策略時，玟玲老師說：

「我心裡一直嘀咕：太麻煩了，直接歸納就好，為何還要教刪除策略？後來在觀課中，發現一些學習動機薄弱的孩子在使用『刪除』策略時非常專注且興奮……」

「哇！好神奇，我把課文字數變少了。」

「老師，我們從 150 個字刪到 80 個字，又刪到 40 個字了……」

學習樣貌開始轉變，閃亮亮的眼神，散發出學習的成就感。記得班上有位小女生剛開始進行刪除時，都是一個字或是幾個字慢慢刪，經過幾次小組練習，學會了看主題且能大刀闊斧的刪細節，並能用「上位語詞」歸納縮短段意，完成主題句，更能用自己觀點去說服小

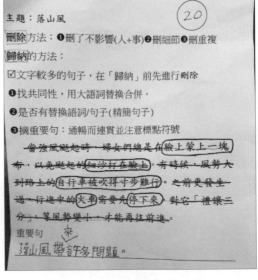

刪除 / 歸納策略學習單：畫線的語句是刪除，圈起來的語句是歸納。

組。教學互動中不斷出現一幕幕有學習、有思考的畫面。

識字策略讓孩子勇敢舉手

　　菊元老師班上有一位小女生，一年級過了十週注音符號還學不來。老師教一個字，她就忘一個字，每次考注音符號聽寫，她都會難過的掉眼淚。進入國字教學之後，狀況依舊。菊元老師向師大特殊教育系陳秀芬老師請教後，便請資源班老師幫孩子做記憶廣度測驗，發現這個孩子的記憶廣度太短了，難怪識字對她的負擔那麼沉重。老師只好從形音連結、部件辨識、組字規則的識字策略下手，一天教她一個字，漸漸增加到三個字，不求多，只想讓她確實學會，增加學習自信心。

　　皇天不負苦心人，孩子升上二年級後，某次國語課在討論「寺」這個部件可以跟哪些部件結合，同學們想到了「等」、「時」和「詩」，菊元老師問：「還有嗎？」她馬上舉手說：

　　「還可以加『彳』，就變成等『待』的『待』了。」

　　真令人欣慰啊。現在的她念故事的速度雖然還不快，但不用老師幫忙也可以將整本故事書念完。記得一年級進圖書館時，她因不知道要借什麼書，常常問老師可不可以不要借。但現在的她往往最後一個離開圖書館，一邊抱著滿滿的書，一邊說：

　　「這本書要借回家給爸爸看，這本書好好看喔！」

✿ 特殊個案學生的字詞量有所提升

姿君老師班上有一名孩子，家庭衛生條件與文化刺激都相當匱乏，導致家中四名孩子自幼兒園起就是學校特別關懷的個案。姿君老師深信教育可以翻轉孩子的人生，在班上實施閱讀理解策略教學後，孩子不但變得主動積極與自信，更能善用識字與詞彙策略來擴展字詞量，明顯提升語文能力。

二年級某天下課，姿君老師一邊陪這個孩子整理頭髮，一邊與她談心，她突然冒出：

「我覺得老師好溫柔，教給我的方法，我一下子就懂了。」

姿君老師心中頓時滿滿的感動，為了每一位像寶石般的孩子，即使下班後與夥伴備課至深夜，假日也需犧牲家庭時間準備教材，但一切都甘之如飴。

✿ 疑似學障生全科都及格

素娟老師班上有幾位疑似學習障礙的小六學生，經過閱讀策略教學後，他們都能在策略學習的過程中獲得成就感，學習動機也因此改善不少。素娟老師發現：

「有個學生最後一次段考每科都及格了，另一個學生則開始在意自己的語文考試表現。」

素娟老師認為，這對他們來說都是很大的進步，問題行為也

因此減少許多。

工作坊的磨練讓教學功力大增

依君老師原本班上也有超過半數的學生須接受補救教學，自從引入閱讀策略教學後，需要接受補救的學生降到不到三分之一。

依君老師回想參與工作坊之前，對於文本與教學設計還是一知半解，直接套用模組編寫或參考他人教案教學時，也只知道照本宣科的教。經過工作坊的磨練之後，開始懂得對文本做深入分析。她發現：

「原來文本中可延伸與深入探究的範圍是如此的大，而且透過不同的引導，還會發展出孩子不一樣的思維」。

這樣上課也讓注意力不集中的學生學會了

淑君老師分享國語〈神筆馬良〉這一課指導「重述故事」策略時的一段插曲。老師問：「誰還想上臺試試重述故事的重點呢？」正當同學討論時，注意力不集中的學生邊玩鉛筆，邊不耐煩的插嘴說：「故事經過的順序不對啦！」其他孩子則回應：「你都沒在聽，你會說嗎？」接下來的一幕讓淑君老師非常難忘，禁不起同學言語挑釁的學生，竟然搶先站在臺前娓娓道來，有板有眼的重述故事，贏得了眾人讚嘆的掌聲！淑君老師感動的表示：

「注意力不集中學生與孩子們專注投入課堂的風景，讓桎梏我許久的教學魔咒解放了，更一步步搭起孩子學習信心的鷹架。」

每個老師都應設法找到自己的位置

妙鎂老師以「價值感」形容社群帶來的影響。她平時最常在 Line 裡分享自己的教學歷程、學生課堂的學習成果，往往得到大家熱烈的回應。

「社群夥伴會在原本觀課的時間外，再額外請假到我的學校看我上課，這對我來說是個很精實的挑戰，讓我時時都不能怠惰。」

妙鎂老師認為老師們各有專業，依著不同的人格特質有不同的表現，每個老師都應該要設法找到自己的位置，發揮自己的能力，這就是價值感。正如妙鎂老師善用她閱讀教學的專業，曾指導高年級學生自我提問策略，甚至幫助了資源班學生理解課文，這就是價值感的展現。

社群夥伴入班觀課。

撰文者簡介

- 林妗鎂　宜蘭縣過嶺國小教務組長，宜蘭縣三民國小教師和特殊教育中心幹事。
- 林淑君　宜蘭縣寒溪國小中年級導師，曾任宜蘭縣北成國小、內城國小教師。
- 陳玟玲　宜蘭縣湖山國小高年級導師，曾任新北市福連國小教師。
- 陳姿君　宜蘭縣凱旋國小低年級導師，曾任宜蘭縣大同國小教師。
- 黃素娟　宜蘭縣四結國小高年級導師，曾任花蓮縣紅葉國小和宜蘭縣三民國小教師。
- 鄭菊元　宜蘭縣梗枋國小中年級導師。
- 蔡依君　宜蘭縣新生國小高年級導師，曾任宜蘭縣竹安國小和宜蘭縣育英國小教師。
以上七位老師皆為宜蘭縣課文本位閱讀種子教師。

縱谷閱讀老鼠會

教學最佳的後盾

撰文／邱惠敏、張惠美、黃婉婷、
廖頤安、賴崢瑛、蘇瑞儒

推動閱讀有事做

學校實況 賣力教學，但學生興趣缺缺；學生學力檢測是教師
的壓力。

做法

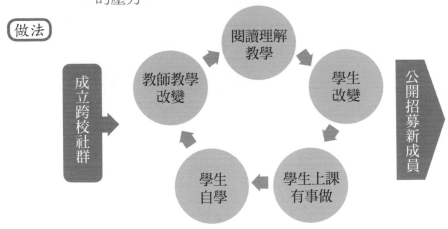

成立跨校社群　→　教師教學改變　→　閱讀理解教學　→　學生改變　→　公開招募新成員

學生自學　←　學生上課有事做

甲師：「發現一家好吃的蛋塔，買來給大家嚐嚐。」乙師：
「最近用自問自答的策略上課，結果不如預期呀。」丙師：「我
要公開觀課了，請大家幫我看看教材和搭配的策略適不適合。」

每月的一期一會是這群老師的定期聚會。大家會帶著新發現

的好物來分享，分享的內容琳瑯滿目，不論是美食交流、學生的學習狀況、策略使用的問題……等，都是老師們的話題。月而復始，這樣的年頭已經走了四年。

每月一次由小瑛老師帶領不同學校對閱讀教學有興趣的老師一起精進教學。

三人逗陣，開啟社群模式

104 學年度的暑假，師大洪儷瑜教授在閱讀教學研習中發現花蓮南區有幾位老師特別熱情，本來以校為單位的閱讀研習，透過三位老師的投入，開啟了不同的支持模式，改以「社群」聚集這些熱情的老師。

社群成立的第一年以三位老師為主。婉婷老師發現，以往自己總是在臺上賣力講解，但學生仍舊興趣缺缺，語文能力也欲振乏力。為了打破困境，黃婉婷老師參加了許多閱讀教學的研習，

直到遇見以閱讀理解策略為主軸的教學模式，才找到幫助學生的解方。

透過社群共備讓婉婷老師對閱讀理解策略教學有更深的認識，她把「文章結構摘要大意」的策略帶回教室裡實施，看到學生閃閃發亮的眼神，感受學生熱烈討論的氛圍，與以往聽老師講解的神情大有不同。

成員中的邱惠敏老師回想，花蓮縣教育處每年的學生能力檢測是壓力，也是鞭策自己進步的動力。為了突破檢測成績障礙，早期自己像個進香團朝聖的香客到處取經，直到遇見「課文本位閱讀理解策略教學」的研習，開始接受有系統的培訓，才將閱讀策略運用在班級教學。

如今，學生能透過析詞釋義、上下文推詞義等方式，解決不懂被卡住的語詞，也能透過推論策略讀懂文章背後隱含的意思。在學生能力檢測成績上，也看到了進步的果實，讓老師甚感欣慰。

黃婉婷老師利用析詞釋義、上下文推詞義策略，以小組討論來理解不懂的語詞。

　　張惠美老師 103 學年度參加課文本位閱讀策略研習時，是她與閱讀策略教學的初次接觸，老師內心激起了一陣喜悅：原來國語課可以這樣上！於是下定決心，一定要將閱讀策略教學帶回教室。

　　學生的學習需要策略，但策略教學並非一蹴可幾。師生共學一陣子後，學生們學習動機從被動轉至主動。或許是老師的改變，孩子們更喜歡看書了，重述故事及分組討論是上課重頭戲，從故事接龍中，竟能背好課文內容；學生運用故事重述策略說出課文的大意、用六何法畫出心智圖……，每位孩子上課都變得好忙、好快樂。看著學生從不會寫作，到自己畫出寫作結構圖，再完成一篇有架構的文章，惠美老師表示：「我知道學生進步了。」

學生分組討論利用六何法，摘段落大意。

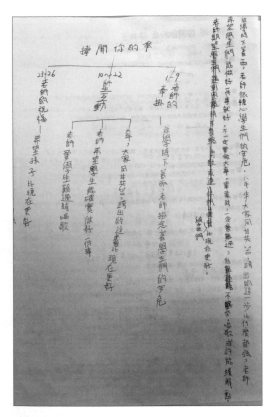

黃婉婷老師的課堂中，學生可自行先畫出課文結構圖，
再摘出課文大意。

相揪入團來，好東西就要分享

　　社群夥伴來自不同的學校，大家對閱讀教學充滿了熱忱，秉
著好東西要和好朋友分享的理念，便向親朋好友推薦，公開招募，
吸引新成員加入。漸漸的，社群就像老鼠會，人數曾一度激增到
10位，後來固定參加的人員共有8位。

　　教學經驗豐富的蘇瑞儒老師看到同校夥伴對閱讀教學那麼投入，感動得加入社群。參與閱讀社群後發現，大家常常討論教學遇到的難題，但要改變自身教學的習慣並不容易，需要先破而立。與此同時，其實仍要承擔教學進度緩慢的壓力，這幾乎快讓蘇老師一度想要放棄。

　　但蘇老師發現，若不如此，還是無法改善原有的問題。於是老師放手讓孩子來，讓孩子學習自主，從生字教學到課文結構的練習，孩子的潛能慢慢被激發出來。他們主動提出要上課的內容，在他們的臉上看到自信的光采。老師也鼓勵他們上臺演示，孩子說話從磕磕碰碰，到能順暢的表達，真的帶給蘇老師很多回饋。

邱惠敏老師將「文章結構」融入全校性的閱讀教學活動。

邱惠敏老師以繪本故事融入閱讀理解策略的「字詞教學」。

邱惠敏老師以繪本故事融入六何法教學寫出或說出故事大綱。

教學年資只有一年的廖頤安老師雖然已經完成實習，但離真正上臺教學仍有一大門坎。她常一邊看著教師手冊一邊抱著頭在燒，心中吶喊：「到底該怎麼教啊！」剛開始她複製以前的學習經驗，唸完課文直接劃重點，但是學生的眼神越來越渙散，上課打起瞌睡，讓她覺得很挫折。

因緣際會下接觸了社群。社群內有來自各地的老師，頤安老師主要上社會課，社群的輔導老師一步一步帶著我們分析課文結構，運用提問及形成表格，讓孩子們讀懂課本的內容。每次的聚會大家提出自己的疑問，透過討論，每次都讓自己進步一些，新手的她也安心了不少。更重要的是，頤安老師將這些方法帶回教室，發現在講臺上不再手足無措，課堂中孩子們主動翻著課本尋找提問的線索，將圖片旁的資料整理成表格，課本不再是課本，而是他們知識的藏寶圖。熱烈的課堂風景，讓頤安老師找回了成就感。

黃婉婷老師讓學生兩兩一組討論，將課文內容整理後，以表格形式呈現。

黃婉婷老師請學生自我提問，設計問題請同學回答。

黃婉婷老師請學生自我提問，先比較說明文、記敘文和詩歌的不同，再分小組出題後互考，老師再補充說明。

🌀 社群情意濃，不遠百里來相會

值得一提的是惠美老師後來沒有擔任導師，也調校了，但她還是每月開車 90 公里來參與社群聚會，她說：

「雖然我目前沒有教學，但我可以用行政的角色推動閱讀。我成立了閱讀社團，讓孩子有趣、有效的閱讀。這個社群是一直陪伴我教學成長的團體並驗證我心中的假設——要教帶著走的能力，我能與一群有共同興趣的老師討論教學的喜悅與困境，並從夥伴分享中學習到不同的教學策略。將來等我再接導師時，相信可以無縫接軌。」

　　社群的能量讓夥伴們任教的學生改變了。學習態度從被動變主動，甚至透過學習遷移，科任教師也察覺其中的進步，給予正向回饋。班上小朋友們不僅理解能力變強，而且善於思考與發表。夥伴們雖各在不同的學校，但遇到困難時可互相切磋，社群成為彼此教學的最佳後盾，凝聚出一段不可分的革命情感！

撰文者簡介

- 邱惠敏　花蓮縣富里鄉吳江國小教師，曾任永齡希望小學種子教師，擅長輔導領域及自然領域。
- 張惠美　花蓮縣富里鄉吳江國小教師，曾任學務組長，擅長語文、藝術與人文領域。
- 黃婉婷　花蓮縣富里鄉吳江國小教師，曾任教學組長、學務組長，擅長數學、健康領域。
- 廖頤安　花蓮市明義國民小學教師，曾任教導主任、教學組長、文書組長，擅長語文領域教學。
- 賴錚瑛　臺東縣成功鎮忠孝國小教師，曾參與研發永齡國語文補救教材，擅長語文領域。
- 蘇瑞儒　花蓮縣玉里鎮大禹國小教師，擅長語文領域及課文本位閱讀理解教學。

附錄

閱讀理解策略成分與年級對照表

◖識字與詞彙◗

項目策略	教學要點	一年級	二年級	三年級	四年級	五年級	六年級
識字	形音連結	●	●	●			
	部件辨識[1]	●	●				
	組字規則		●	●			
流暢	流暢性	●	●	●			
詞彙	單一詞義[2]		●	●	●		
	擴展詞彙[3]	●	●	●	●		
	由文推詞義[4]		●（新詞）	●（多義詞）	●	●	●

註：教學要點說明

1. 部件辨識：包含聲旁、部首以及基本字帶字。
2. 單一詞義：學習詞彙的意義，如使用字典、例句。
3. 擴展詞彙：透過意義關聯的方式學習詞彙，如造詞、同義詞、反義詞、詞素覺知。
4. 由文推詞義： 由上下文蒐尋詞彙意義，推測詞義。

◀閱讀理解策略▶

項目 策略	教學要點	一年級	二年級	三年級	四年級	五年級	六年級
課文 大意	重述故事重點	●	●	●			
	刪除／歸納／ 主題句			●	●		
	以文章結構 寫大意				◗ 認識文章 結構	●	●
推論	連結線索（指 示代名詞／轉 折詞）／（句 型）	● （指）	● （指）	● （轉）			
	連結文本的因 果關係／（句 型）	●	●	●	●		
	由文本找支持 的理由／（句 型）			●	●	●	●
	找不同觀點 （找反證）／ （句型）				●	●	●
自我 提問	六何法		●	●			
	有層次的提問				◗	●	●
	詰問作者						●
理解 監控	理解監控			●	●	●	●

註：表格中圖示「◗」表示開始認識。如：四年級尚未使用「以文章結構寫大意」的策
　　略，但必須「認識文章結構」；「自我提問」的策略於四年級開始認識有層次的提
　　問，包括事實、推論、評論，但其中較難的評論層次應於高年級學習。

課文本位閱讀理解策略教學
初階課程影片

	課程名稱	主講者	影片長度
1	總論—閱讀歷程與策略教學【1】	曾玉村老師	13 分 03 秒
2	總論—閱讀歷程與策略教學【2】	曾玉村老師	17 分 16 秒
3	識字與流暢性	陳秀芬老師	14 分 40 秒
4	詞彙	洪儷瑜老師	17 分 06 秒
5	重述故事重點	方金雅老師	11 分 27 秒
6	課文大意 - 刪除	陸怡琮老師	15 分 09 秒
7	課文大意 - 歸納 / 主題句	陸怡琮老師	14 分 19 秒
8	推論策略 指示詞與因果關係	方志豪老師	12 分 54 秒
9	推論	吳佩蓁老師	16 分 19 秒
10	自我提問	薛夙芬老師	16 分 10 秒
11	以文章結構寫大意	林怡君老師	15 分 20 秒
12	理解監控 - 理論	蘇宜芬老師	13 分 13 秒
13	理解監控 - 實作	黃美雪老師	10 分 54 秒
	影片簡報 & 學習單資料	含課程簡報、學習單參考答案	

▲影片連結

閱讀師培計畫出版書籍一覽表

年度	出版書籍名稱	內容簡介
99 年	閱讀理解策略教學手冊	發行單位：教育部 執行單位：國立中央大學學習與教學研究所 企畫總召：柯華葳 透過行動研究，將閱讀策略化成可以執行的步驟，讓老師應用於教學中，策略分別有預測、連結、找主旨、摘要及作筆記。
103 年	數位閱讀素養學習活動手冊	支援單位：科技部科教發展及國際合作司、教育部國民及學前教育署、 國立中央大學學習與教學研究所 計畫主持人：柯華葳 本書介紹與提供線上閱讀的步驟、教學及學習單。
103 年	閱讀策略融入國中數學領域 —— 教學實例	教育部「國民中學教師閱讀教學增能計畫」 計畫主持人：柯華葳 由師範大學楊凱琳教授帶著國中教師，將閱讀策略融入數學領域，由科學記號、代數式、一元一次不等式到統計與機率，提供教案供教師參考。
103 年	閱讀策略融入國中社會領域 —— 教學實例	教育部「國民中學教師閱讀教學增能計畫」 計畫主持人：柯華葳 由清華大學陳明蕾教授帶著國中教師，將閱讀策略融入國中社會科，書中分別提供公民、歷史、地理科教案與學習單，供教師參考。

年度	出版書籍名稱	內容簡介
104 年	課文本位閱讀理解教學 — 亮點學校成功模式	發行單位：教育部國民及學前教育署 計畫主持人：柯華葳 提供閱讀亮點成功三個模式：行政支持、教師共備與教學、評量納入策略，並提供實例。
104 年	課文本位閱讀理解教學延伸書單與導讀	發行單位：教育部國民及學前教育署 作者：柯華葳、陳明蕾 介紹優質的童書與繪本，依其中可以使用的閱讀策略，介紹給大小讀者。內容包括書的基本資料、書的重點、與策略的關係、搭配策略全書的結構圖以及作業。
106 年	閱讀理解策略教學	發行單位：教育部國民及學前教育署 主編：柯華葳 作者：曾玉村等 呈現閱讀理解策略教學理論與實際教學方式。
106 年	掌握策略快樂閱讀	發行單位：教育部國民及學前教育署 作者：柯華葳、陳明蕾、游婷雅 依「國民小學閱讀教學策略成分表」為原則，提供學生跨學科領域的閱讀書單，也可作為教師教學材料。

年度	出版書籍名稱	內容簡介
106 年	課文本位閱讀理解基地學校報告	發行單位：教育部國民及學前教育署 計畫主持人：柯華葳 彙集優良之閱讀教學推動示範案例，供學校教師、行政人員參考運用。
108 年	PIRLS 提供的閱讀鑰匙	發行單位：教育部國民及學前教育署 編輯：賴明欣、柯華葳 臺灣已參加 PIRLS 2006、2011、2016，可瞭解國際間不同地區、國家如何進行閱讀教育，作為改善臺灣閱讀教學及促進學生閱讀能力的參考。
108 年	ePIRLS 數位閱讀轉化學習力	發行單位：教育部國民及學前教育署 編輯：賴明欣、柯華葳 數位線上閱讀歷程就像問題解決的歷程。本文件說明如何培養數位閱讀的能力與設計教學活動。
108 年	靜觀古文皆自得	發行單位：教育部國民及學前教育署 編著：柯華葳、陳明蕾、賴明欣 彙編古文篇章，並將閱讀策略融入文本中，搭配漸進釋責，將學習的責任逐步轉移至學生身上，使學生不怕古文，習得自行閱讀古文文本的能力。

國家圖書館出版品預行編目資料

當課文遇上策略達人——13個推動閱讀的感動實例
/ 柯華葳 總策劃 林玫伶 整編. -- 初版. -- 臺北市 : 幼獅, 2021.01
　　面 ; 　　公分. -- (工具書館 ; 015)
　ISBN 978-986-449-211-4(平裝)

　　1.閱讀指導 2.小學教學 3.教學法

523.31　　　　　　　　　　　　　109018692

・工具書館015・

當課文遇上策略達人 ── 13個推動閱讀的感動實例

總 策 劃＝柯華葳
整　　編＝林玫伶
出 版 者＝幼獅文化事業股份有限公司
發 行 人＝李鍾桂
總 經 理＝王華金
總 編 輯＝林碧琪
主　　編＝韓桂蘭
編　　輯＝廖冠濱
美術編輯＝呂家瑜
封面設計＝李祥銘
總 公 司＝10045臺北市重慶南路1段66-1號3樓
電　　話＝(02)2311-2832
傳　　真＝(02)2311-5368
郵政劃撥＝00033368

印　　刷＝崇寶彩藝印刷股份有限公司
定　　價＝260元
港　　幣＝87元
初　　版＝2021.01
書　　號＝988151

幼獅樂讀網
http://www.youth.com.tw
e-mail：customer@youth.com.tw
幼獅購物網
http://shopping.youth.com.tw